内核稳定的妈妈 自觉自律的男孩

养育男孩 5大心法

男孩派 虎妈——著

boy

人民邮电出版社
北京

图书在版编目（CIP）数据

内核稳定的妈妈，自觉自律的男孩 ：养育男孩 5 大心法 / 男孩派 虎妈著. -- 北京 ：人民邮电出版社，2024. 10. -- ISBN 978-7-115-64637-8

I. G78

中国国家版本馆 CIP 数据核字第 2024YR5906 号

◆ 著　　　　男孩派 虎妈
　责任编辑　侯玮琳
　责任印制　陈　犇

◆ 人民邮电出版社出版发行　　北京市丰台区成寿寺路 11 号
　邮编　100164　　电子邮件　315@ptpress.com.cn
　网址　https://www.ptpress.com.cn
　涿州市京南印刷厂印刷

◆ 开本：880 × 1230　1/32
　印张：8　　　　　　　　2024 年 10 月第 1 版
　字数：143 千字　　　　　2025 年 7 月河北第 15 次印刷

定价：52.80 元

读者服务热线：(010) 81055410　印装质量热线：(010) 81055316
反盗版热线：(010) 81055315

前言

男孩不难养

自从 2019 年创办了公众号“男孩派”后，这些年我陆陆续续遇见了不少男孩妈妈，每次听她们吐槽自己的儿子，都会忍不住笑出声。

一位妈妈说：“我和一个朋友差不多同时怀孕、生产。然而，朋友的女儿每天除了睡觉就是安静地嘬手。再看看我那哭声嘹亮、蹬人有劲的儿子，一天到晚就知道猛吃母乳，这个时候我就知道什么是人生的分水岭了！”

另一位妈妈说：“我儿子现在每天放学回家光是准备工作——翻书包、找作业、削铅笔就要搞半天，文具盒里的每一根铅笔都要放在自动削笔机里转三五圈。对他而言，只要妈妈不在场，到处都是游乐场；抠抠鼻子、挠挠屁股、切切橡皮，一晚上就过去了。除了作业不动，他浑身上下哪里都在动。”

还有妈妈说：“当妈第一年，我书架上摆的是《正面管教》《好妈妈胜过好老师》《最温柔的教养》，后来，我慢慢给自己添置了《心脏病养护与心脏病防治》《高血压自我管理》《论持久战》，但如今，这些书我都不需要了，一本

《活着》就足够了。”

笑完以后，我不禁陷入了沉思。我们说男孩的妈妈都是“五费人员”，即每天费力、费嘴、费心、费神又费钱，那男孩究竟为什么会难养呢？我们作为男孩家长，到底应该怎样做，才能让一个好动、叛逆的“熊小子”成长为自觉、自律的男子汉呢？

实际上，男孩爱惹麻烦是天生的，他的生理结构天然和女孩的不同。比方说，妈妈们总觉得男孩好动、坐不住，其实是因为他血液中的多巴胺含量更高，需要通过各种小动作来保持大脑的活跃；还有不少妈妈抱怨男孩“没长耳朵”，跟他强调好几遍的事情他总是置若罔闻，这其实是因为男孩左右脑之间的神经元连接不如女孩多，所以听觉不如女孩敏锐；再比方说，男孩好斗，几个小男孩凑在一起不是你打我一拳，就是我踹你一脚，这其实是男孩体内的睾酮在作怪……

这些生理特点也在一定程度上影响了男孩在学业方面的表现：一般来说，女孩的大脑在大多数功能的发育进程上会比男孩的快一些，所以无论是说话、识字，还是写字，男孩都显得“不开窍”。

了解了男孩的生理特征后，我发现，其实没有一个男孩的成长过程是一帆风顺的。他们的成长往往需要历经几个阶段。在 3 到 6 岁，男孩对这个世界充满了好奇，喜欢探险，四处摸索，在这个过程中，他们可能会闯祸，会犯错，需要父母不断去纠正，学着跟他们沟通。6 到 13 岁时，我们的男孩开始朝着男人的世界进发，他们会幻想自己有朝一日成为一个拯救世界的大英雄。但如果在这一时期，父母没有意识到男孩的心理需求，他们很容易出现一些不良行为。到了 13 岁以后，男孩将进入快速发育期，由于体内的睾酮大幅增加，大多数男孩会变得急躁、冲动、喜怒无常，这一时期，如何平衡男孩的生活和学习，让他们走向成熟就成了家长最关心的事……无论身处哪一个阶段，我们的男孩都需要好的引导者，否则，他们注定会经历很多坎坷。

为了帮助更多男孩妈妈做好引导者这一角色，我将自己多年的学习成果和经验写成了这本书，从沟通陪伴、性格养成、社交引导、情绪教养和学习提升 5 个方面着手，手把手教男孩妈妈如何成为优秀的引导者，引导我们的男孩找到前进的方向和努力的目标，成为独立、自律、强大的自己。

作家史蒂夫·比达尔夫曾说："千万不要觉得你家的宝贝还是个孩子，就是这个男孩，他终有一天会成为一位兼具责任感和成熟魅力的顶天立地的男子汉。这一隐秘而巨大的变化，就发生在你与之共同生活的十几年间。"

在养育男孩的过程中，作为家长的我们需要不断地学习、了解男孩的思维方式。唯有这样，我们才能更好地理解他们，更加从容地应对他们在成长过程中出现的问题。

希望家有男孩的你，能够通过这本书收获方法，获得启发；也希望未来的日子里，我能陪伴着你一起见证曾经那个固执、淘气、爱闯祸的“熊小子”，成长为温暖、自觉、有分寸的男子汉。

虎妈

2024 年 3 月

目录

第 3 章

社交引导心法 /107

第 4 章

情绪教养心法 /149

第 5 章 学习提升心法 /187

第1章

沟通陪伴心法

你这样说，男孩才会听

毁掉一个男孩，不好好说话就够了

“躲在被窝偷偷看漫画，一被抓住就挨骂。

“拿手机玩会游戏，爸爸嫌我浪费光阴。

…………

“总是拿我去和别人比，提醒我要更努力。”

一首《天下的爸妈都是一样的》唱出了所有孩子的心声，也唱出了很多父母的苦：“想当年我也曾经年轻充满憧憬，直到为人父母人生突然改变风景。嗓门变大、脾气变大，都因为有你。总有一天你会明白，有多不容易。”

天下父母都一样，不管用什么方法，都想把最好的送给孩子。遗憾的是，有些父母的爱用错了方向，喜欢用狠话来表达对孩子（尤其是男孩）的“恨铁不成钢”。

对此，《非暴力沟通》一书的作者马歇尔·卢森堡曾说：“当语言倾向于忽视人的感受和需要，以致彼此的疏远和伤害时，这种沟通方式会让人难以体会到心中的爱。”

对父母来说，我是为你好，所以才用毒舌管教你，这是爱。但对孩子来说，父母不好好说话，再深的爱都会变成伤害。

养育男孩，好好说话是第一步。

01

某机构曾发起过一次“不好好说话”的内容征集活动，仅一个晚上就收到近 600 份总字数超过 10 万字的反馈。通过此次征集活动，研究人员发现，不好好说话的高发区在家庭单元内。也就是说，越是对亲近的人，越不能好好说话。而在这些征集的案例中，父母对孩子的否定和打击非常高频。

一天下班，在等电梯的时候，我看到旁边一对母子正在聊天。男孩一脸眉飞色舞地说：“今天学校举办了合唱比赛，我们班得了全校第一呢！”说完仰着头满脸期待地等着妈妈夸奖。

妈妈却只是简单地“哦”了一声，没有接茬，紧接着眉头一皱：“你每天精力就放在这些事上面有什么用？今天的作业写完了吗？马上就要上初中了心里没点数吗？”男孩脸上的期待瞬间消失，只剩下满脸的失望。他一把甩开妈妈的手，独自向前走去。妈妈依旧在后面不依不饶：“你看老师今天还在群里表扬了人家小林，都没有提到你，也就你心大，还在这整天嘻嘻哈哈呢！”男孩很气愤地说：“表扬小林是因为他最近进步大，我学习也很努力，你不知道别瞎说！”这对母子最后不欢而散。

大家有没有觉得这个场景很熟悉？生活中，很多父母就是这样的：孩子兴致勃勃地想和你交流，却被你几句话把天聊死。甚至连奥地利作家卡夫卡也有过类似的经历。

卡夫卡的父亲跟儿子说话时，总是习惯性地用吼叫、谩骂的方式，他经常挂在嘴边的一句话就是“你不许回嘴”。在这样的环境下长大的卡夫卡虽然才华横溢，却无比忧郁、自卑。他一生都始终难以走出父亲语言暴力的梦魇。

说到底，喜欢打击男孩的这些父母始终都没能学会好好说话。看起来，他们是“恨铁不成钢”，想用威慑力最强的狠话来鞭笞督促男孩更努力，但是他们忘记了，温柔地用耐心的话语引导男孩，才是帮助他成长的最好方式。

02

《中毒的父母》一书指出，小孩是不会区分事实和笑话的，他们相信父母对自己的任何评价，并将其变为自己的观念。父母说他蠢笨，他就真的傻到极致；父母说他胆小，他就真的遇事逃避；父母说他没出息，他就真的一生飘荡无所依。

我曾经看过这样一则心理咨询案例。一位妈妈说话口无遮拦，喜欢把“死”挂在嘴边。儿子吃饭太急，她说：“噎死你算了。”儿子冬天不愿意穿厚衣服，她说：“冻死你算了。”儿子生病，她说：“病死你算了。”

有一回，儿子到海边玩，被卷进了浪里，幸好被救生员及时救起。男孩害怕得不行，赶紧躲进妈妈怀里求安慰。妈妈内心担心极了，慌里慌张赶来，已经满眼是泪了，但是她一张嘴就说道：“你这死孩子，净给我惹麻烦，淹死你算了。”从那之后，“死”这个字在这个男孩的脑子里疯长，就连遇到稀松平常的问题时，他都会有轻生的念头：过马路走神被骂，他会说“撞死我算了”；生病卧床，他会绝望地想“病死我算了”。大家都觉得他在开玩笑，但他认真地以为，世界上没人在意他，他死了好像也没有关系。

父母的语言暴力，会在不知不觉间把男孩越推越远，让男孩产生自暴自弃的念头，甚至伤人伤己。

在短片《语言暴力》中，剧组工作人员采访了沈阳少管所的少年犯。导演用奇妙的手法，拍摄出了语言暴力催生出男孩罪恶之果的现象。笨手笨脚的小男孩被父母骂“没脑子”，长大后赌博欠下巨债，结果被债主骂“没脑子”，他干脆买了把枪把债主杀了；小时候老被父母骂“丢人”的男孩，长大后被其他人骂“丢人”，联想到父母的话，于是气愤的他直接拿了把斧头把对方砍了；从小被妈妈骂“怎么不去死”的男孩，打工时被雇主骂“你怎么不去死”，他就真的拿了把水果刀捅了雇主……

语言虐待可能比其他形式的虐待具有更持久的影响，因为它往往更隐蔽，更连续，而最后无外乎会造成两种结果：一种是深埋在男孩心底变成无法愈合的心理伤痕，另一种则是爆发出来伤害到周围的人。对一个家庭来说，无论结果是哪一种，都将是不可承受之重。

03

没有人喜欢听伤人的话，我们的男孩亦是如此。所有的男孩都希望得到父母温暖的鼓励和肯定，而不是一味的谩骂和讽刺。

美国 ABC 电视台曾推出一档真人体验节目。冷饮店里，爸爸因为儿子输了比赛，拒绝给他买冰激凌："你是个失败者，没资格吃冰激凌。"儿子眼泛泪光："爸爸对不起，我已经尽力了，可是他们都有冰激凌，我也想要。"爸爸反驳道："那是他们应得的，而你只是个失败者罢了。"

这时候，旁边一位男性实在看不下去了，走过来拍拍这位爸爸的肩膀："我们一生中都会犯错，人生本来就充满挫折和挑战，孩子早晚会意识到这一点，而现在作为一个孩子，他需要知道的是，爸爸永远是他的精神支柱。爸爸是儿子人生中最重要的人。人生已经够难了，不要再去创造困难——说孩子是失败者。给他买个冰激凌吧，让他知道他拥有这个世界上最好的爸爸。"

听到这段话，我真的忍不住掉下眼泪来。简单的一句话，影响的却是男孩的一生。他可能会把爸爸的这句“你是失败者”永远记在心里，他可能永远不会忘记那场失败的比赛和自己不配得到的冰激凌。可换了一句话，男孩或许就忘了那场比赛和冰激凌，但他会永远记得爸爸的温暖鼓励。

担任过北京大学校长的蔡元培曾说：“决定孩子一生的不是学习成绩，而是健全的人格修养。想要培养孩子健全的人格，家长首先要做的就是改变说话的语气和方式。”

有一回，我儿子 11 点还精神抖擞地在床上蹦跶。我当时有点儿情绪失控，忍不住说了狠话：“你再不睡，我就把你扔到大街上。”孩子吓得哇哇大哭，乖乖地钻到被子里。过了一会儿，他悄悄来到我的房间，低声诉说：“妈妈，我觉得你一点也不爱我，你要好好学习爱我，说话要温柔，要叫我‘亲爱的’，还要经常说‘没关系’，如果我睡得太晚，你要说‘没关系，下次早点睡’。”

这一番话令我羞愧极了。我们总想着要把全世界最好的东西捧到男孩面前，却常常缘木求鱼，忽略了男孩最想要的爱——父母温柔语言背后的陪伴和鼓励。家庭教育专家王国锋曾说：“父母的语言，创造了孩子的世界。”一张嘴可以毁掉一个男孩、一个家，同样，也能成就一个男孩，温暖一个家。真正爱我们的男孩，就从拒绝刀子嘴、好好说话开始吧。

【妈妈养育心法】

凡事都是有技巧的，与男孩沟通也不例外。希望每位妈妈都能用心修炼语言的艺术，这不仅可以让你和男孩心连心，更能给予他希望和力量。

- 认可的话，赞扬着说。当男孩取得成绩时，我们可以由衷地赞许："宝贝你真棒，我为你骄傲！"
- 批评的话，鼓励着说。许多父母喜欢借批评的名义，打击和嘲讽男孩，这不仅达不到教育效果，还会伤害他的自尊，破坏亲子关系。不妨试试用鼓励的方式指出男孩的问题，比如："虽然老师说你这几次数学考得不是很理想，但妈妈觉得你在数学方面其实是很有潜力的，接下来的日子让我们继续努力吧！"
- 请求的话，商量着说。少用命令的口吻，多考虑男孩的感受，以柔克刚。比如，我们可以把"你怎么搞的，房间这么乱，快去收拾好"换成"儿子，衣服乱丢可不是好习惯哦，你愿意和妈妈一起收拾一下吗"。
- 质疑的话，温柔着说。无论发生什么事，都不要劈头盖脸地质问男孩。
- 反对的话，尊重着说。当男孩感受到了我们的尊重时，就会开始反思自己的行为，采纳我们的建议，所以，可以试着把"不许玩手机了""再玩就没收"等换成"妈妈能理解你，手机确实很有意思，可是长时间玩不仅伤害眼睛，还影响学习，你是男子汉了，妈妈相信你很自律"。

你这样问，男孩才愿意答

教育男孩，能听会聊很重要。多用耳朵倾听，多用心沟通，父母才能真正走进男孩的心里，替男孩清除内心的杂草，播下爱与阳光的种子，就像心理学家贺岭峰所说的："和孩子多聊'废话'才是做家长最重要的一种能力。"而当你不知道如何跟男孩沟通时，可以试着问问他们以下这5个问题。

01

第一个问题："你今天上学开不开心呀？"

据统计，我国17岁以下的儿童和青少年中，约有3000万人受到各种情绪障碍和行为问题的困扰，并且这一数字呈逐年上升趋势。

男孩的情绪是很多问题的根源，了解男孩的情绪对父母来说非常重要。也许你会认为，男孩子天生大大咧咧、没心没肺，怎么会陷入负面情绪的旋涡呢？其实，很多男孩总是不被允许表达自己的真实情绪，久而久之，就对父母关闭了心门。放学后，我们可以先问男孩一句“今天，你上学开不开心呀”，引导他和父母交流自己在学校的状态。如果他很开心，我们可以和他一起分享；如果他不开心，我们可以尝试帮他排解困惑。

在关心男孩的情绪这件事上，我的同事金金就做得非常好。

金金平时很喜欢和大家在群里聊天，但每天一到晚上10点她准时消失。出于好奇，我们问金金每天这个时间点干吗去了。她告诉我们：“平日工作忙，陪伴儿子的时间少，所以睡前这段时间弥足珍贵。我每天都会在儿子入睡前陪他聊天，聊聊他这一天的感受。小孩子嘛，总是会有自己的烦恼，比如说考砸了，或者被老师批评了，跟同学相处不好都会引发情绪波动。但是他年纪小，不懂如何识别负面情绪，所以我每次都会引导他说出自己内心的真实想法。”

的确，我们要让男孩明白，无论遇到何种事情、有什么感受，父母都会温和地接纳他、指引他，和他一起击败负面情绪。只有这样，我们的男孩才能学会如何解决问题，成为情绪的掌舵人，把握自己的前进方向。

02

第二个问题："你和同学相处得怎么样呢？"

孩子的世界并非如我们想象中的那样单纯。李玫瑾教授曾说过："观察孩子身边朋友的行为，是了解孩子的最好方式。"

电视剧《隐秘的角落》中，男孩朱朝阳的老师告诉他妈妈："这孩子太内向了，在学校不喜欢和别的同学交往。"妈妈反驳道："学生要以学习为主，交朋友是进入社会才需要做的事。"在她的眼里，儿子就是考高分的机器，唯一的任务就是考个好成绩。于是，忽视了孩子真实交友情况的妈妈，连儿子在学校被孤立了也不知道。最终，儿子走向了另外一个充满罪恶与血腥的圈子，整个家庭也毁了。

父母不教，孩子不懂。一个缺乏社交技巧的男孩，在公开场合会充满压力和孤独感。同时，男孩也更容易为了赢得同龄人的认同，而被"毒友谊"所吸引，陷入一些不良小团体。作为妈妈，我们放学后问问男孩与同学相处得如何，密切关注他们的交友情况，一方面能更贴近男孩的内心，另一方面也可防止男孩误入歧途。

03

第三个问题："今天你有没有提出过什么问题呀？"

在成长的过程中，男孩的脑袋里总会冒出千奇百怪的问题。他们喜欢提问，因为他们对未知的世界充满好奇，但有很多父母在面对男孩的问题时，总是胡乱敷衍，甚至不屑一顾，最终亲手摧毁了男孩宝贵的探索欲，错失启蒙良机。

把 3 个儿子送进斯坦福大学的陈美龄有一套自己的育儿方法。平日里，她经常向孩子提问，锻炼他们独立思考的能力。同时，她也一直鼓励孩子多向自己提问；当儿子产生疑惑时，就算她是在厨房烧菜，也会第一时间关掉火，和孩子一起寻找答案。

当我们问男孩“你有没有提出一个好问题”时，其实是为了让男孩具备独立思考的能力；我们希望他对任何事情都能抱有质疑的态度，具备批判的精神，并能够从不同角度进行深入思考。

但是，这种能力不是一朝一夕就能培养出来的。倘若父母一味地盲目“灌输”，不仅会阻碍男孩的思考，也会束缚男孩的思想与灵魂。正如演说家贺雄飞先生所言：“第一，精英是会提问的人；第二，精英是能够解决问题的人；第三，精英是有理想的人；第四，精英就是有智慧的人。”对一个男孩来说，最为关键的能力是能够提出高质量的问题，并懂得如何寻找答案。这是因为思考能力是男孩成长发展的基石，也是实现梦想最有力的助推器。

04

第四个问题："今天上课有没有学到新知识？能不能教教我呀？"

有很多父母喜欢颐指气使地询问："你今天在学校乖不乖？有没有学到什么知识？快跟我讲一讲！"在天生反骨的男孩看来，这更像是一种审问，父母站在权威制高点，给予男孩天然的压迫感，使男孩觉得跟父母沟通没有乐趣，自然就不愿意开口。

犹太人为了进行亲子共学，自创了一套"犹太式辅导法"。这种方法的关键在于"让孩子教父母"。孩子平时在学校只能听老师讲，而犹太式辅导法给孩子提供讲课的机会，能最大限度激发孩子的自信。

试想一下，有一个男孩放学回家，因为没有很好地背诵出老师课上讲的知识点而被家长责难，他有可能会变得唯唯诺诺，不敢表达。而另外一个男孩，因为得到父母的尊重与鼓励，自己也像老师教学生一样，去"教"父母，那么后者是不是会对学习更有积极性呢？

不仅如此，后者因为能从中体会到"自我胜任感"和父母欣赏的眼光，会为了学习某个技能或是达到某个目标不断努力。万丈高楼平地起，教育和建筑一样，最重要的是地基，而这部分也是最难返工的，所以我们应该学会温柔且有智慧地鼓励男孩，铸就其内心坚固的基石，从而搭建出属于他们自己的人生大楼。

05

第五个问题："有什么困难需要妈妈的帮助吗？"

这个问题的意义，一是表达妈妈对男孩无条件的爱，关心他是否遇到了难题，向男孩传递出一个信息——父母永远是他最坚实的后盾；二是引导男孩独立解决问题，思考解决方案，而这才是我们真正要教给男孩的东西。

正如美国一位名叫约翰·罗伯茨的父亲在孩子毕业典礼上的致辞："我希望你在未来的岁月中，不时遭遇不公平对待，这样你才会理解公正的价值；我希望你时不时被忽视，这会让你意识到倾听他人的重要性；我希望你遭受刚刚好的痛苦，这会让你获得同理心。"

一个偶尔不幸、遭遇挫败、体验过失败的男孩才能意识到成功的不易。要知道，错误和困难都是男孩成长的催化剂。

在现实生活中，很多父母其实是"直升机父母"——他们总是"盘旋"在男孩的上空，一看到男孩遇到什么问题，立马替他们铲除一切障碍。此外，还有一种被称为"扫帚式父母"。这种父母其实更智慧——他们只在男孩有重大问题的时候才会出现，帮他们厘清思绪，大部分时候会做到尽量不干涉男孩的决策。

管教不等于包办一切，放手不等于放任自流。父母把握好放手与管教的微妙平衡，才能促使我们的男孩成才又成人。

会聊天的父母，才能养出优秀的男孩。希望每个男孩都能够在父母的温言软语和智慧养育中成长为阳光自信、快乐优秀的孩子，也愿天下所有的父母都不再做聊天的终结者，而是学着做男孩贴心的倾听者。

【妈妈养育心法】

有句话说得好，父母的嘴是孩子一生的风水。懂得要多陪男孩聊天的妈妈，才能成就男孩美好的人生。妈妈平时可以多问男孩这几个问题。

- “你今天上学开不开心呀？”这个问题的意义是引导男孩讲述自己一天的状态，察觉自己的情绪，成为情绪的主人。
- “你和同学相处得怎么样呢？”经常问问男孩和同学相处得如何，不仅能让他知道父母关心自己的日常生活，也能通过聊天传授给男孩一些人际交往的法则，避免发生他受欺负而不敢言的情况，还能防止他因“毒友谊”而误入歧途。
- “今天你有没有提出过什么问题呀？”这个问题是为了让男孩具备独立思考的能力，这种独立思考的能力还会转化为好奇心，从而衍生为兴趣，以此来丰富男孩的人生体验。

- “今天上课有没有学到新知识？能不能教教我呀？”根据学习金字塔理论，如果只是被动地听，孩子对知识的吸收率不到 30%，但当他通过讲述、练习和教授来吸收知识时，吸收率能达到 90%。
- “有什么困难需要妈妈的帮助吗？”这个问题的意义是向男孩表达妈妈对他无条件的爱，让他有安全感和归属感，明白无论遇到什么挫折，父母都会是他坚实的依靠，从而以更加昂扬的斗志面对困难。

如何成为鼓励男孩的高手

我有一个心理咨询师朋友。有一次，她接诊了一个 5 岁小男孩。男孩父母说，男孩总是不愿意和父母说话，每天躲在房间里对着玩具奥特曼自言自语。他们以为儿子有什么问题，焦虑万分，赶忙带着他四处求医。几次心理治疗后，小男孩终于说出了实情：“因为玩具不会开口骂我……”原来，男孩的妈妈经常有意无意地指责孩子：“你能不能别添乱了？”“你哭什么哭！”“你怎么这么笨？！”

有人说，父母的嘴就是孩子一生的风水。说错了，孩子自卑怯懦，备受煎熬；说对了，孩子自信独立，内心富足。如果你也希望自己的男孩变得更好，不妨常把这 9 句话挂在嘴边。

01

第一句：“没关系。”

当男孩犯错时，你的第一反应是什么？说他不懂事、惹麻烦，骂他屡教不改？然而，当你劈头盖脸就对男孩一顿责骂时，男孩不仅不知道自己错在哪里，还会在以后犯错时，因为害怕而选择撒谎、找借口来逃避责任。

记得《原生家庭》中有一句话：“孩子应该拥有犯错误和改正错误的权利，犯个错而已，又不是世界末日，这是他们尝试新事物并建立自信心的途径。”

一个男孩成长的过程，就是不断犯错、不断改错，然后完善自己的过程。如果只是被斥责，却没有受教，男孩就永远不知道自己错在哪里，该如何改正，所以，与其吼他、骂他，不如蹲下身抱抱他，对他说：“没关系，妈妈能理解你。”再耐心听听男孩的解释，了解他的困境，一步步引导他从错误中吸取教训。要知道，父母的理解与关怀，才是男孩拥有价值感和自信心的关键。

02

第二句："你比上次做得更好了。"

我曾看过一则新闻。浙江一个 11 岁的男孩，因为玩了半小时手机，被母亲大骂"不争气"，还被罚在院子里跪了 2 小时。结果，男孩留下一封信后，毅然决然地离家出走了。

打击不是鞭策，挖苦不是激励，源源不断的否定，只会带给男孩匮乏感和挫败感，让他觉得自己什么都做不好，而实际上，每个人都是希望得到肯定和欣赏的。就像心理学上的皮格马利翁效应一样，一群资质普通的学生，因为得到肯定和欣赏，在正向的暗示中真的成为了一群出类拔萃的人。父母要看到男孩的付出，肯定他的努力，多对他说"你比上次做得更好""你又进步了"，男孩才能在轻松愉悦的氛围中，获得自信，日渐优秀。

03

第三句："我能理解你的感受。"

父母最错误的沟通方式之一，是不懂共情，忽略感受。当男孩闹脾气、有情绪时，父母是理解疏导，还是暴力压制，会对男孩的性格和心理产生不同的影响，也决定着他对待他人、对待世界的态度。

就像《被忽视的孩子》一书中说的那样："孩子的情绪就像是流动的水，源头就是他的内心。如果在水前设置了障碍，水要么绕过障碍，改变流动方向，要么只好回流到源头，这也意味着孩子将情绪加诸自身，伤害自己。"所以，当男孩难过、伤心、感觉挫败时，不要说："不许哭，有什么好哭的！""你发什么脾气！"而要说："妈妈知道你心里难过。""我理解你的感受。"

无条件的爱和接纳，才能真正推动男孩做出改变。

04

第四句："我相信你。"

曾经看过一个视频。一个 3 岁的小男孩练习跳远，但跳了几次都跳不过去，后来他变得小心翼翼，不敢再往前跳。这时候，在一旁的爸爸伸出手，不停地告诉孩子："不怕，往前跳吧，爸爸相信你，爸爸会保护你的。"小男孩听着爸爸的话，犹豫再三，最后鼓足勇气继续挑战，终于跳了过去。这就是父母的信任和保护所带来的力量。父母的一句"我相信你"，会让男孩产生"我能行"的感觉，会让他做什么事都有信心、有动力，从而充分发挥潜能。

所以当男孩想要学习新技能时，不要嫌他笨手笨脚做不好，而要告诉他："我相信你可以做好的。"当男孩尝试做一件事情却屡屡失败时，不要批评他，而要告诉他："你能行的，我相信下次你会做得更好。"教育的全部秘密，在于相信孩子和解放孩子。父母给予男孩信任，他就能重新振作，重拾自信。

05

第五句："宝贝，对不起。"

曾有人在微博发起过投票："你的父母会和你道歉吗？"当时有约 4.5 万人参与，结果显示，会道歉的父母寥寥无几。许多孩子在评论区哭诉："我爸妈永远觉得自己是对的。""我妈道歉就是喊我吃饭，我爸道歉就是给我打钱。"

心理学研究表明，父母的道歉方式正确，会带来诸多好处：增强孩子的自我反省、承担责任和人际交往的能力，减少孩子的偏执、受害者立场和责备倾向，帮助孩子学会正确的冲突处理方式。

好父母，不怕向男孩认错。当我们没忍住吼了儿子、冤枉了他或是答应他的没做到时，主动承认、及时道歉就好，父母要身体力行地教会男孩如何做一个自信、正直、有担当的人。

06

第六句："你可以自己决定。"

心理学家曾做过一组实验，结果发现：从 1 岁开始拥有自我选择权的孩子，长大后会比只听从父母命令行动的孩子，自控力更强，独立性更高。这意味着，让男孩多做选择，可以让他变得自信和独立。

可很多父母恰恰做反了：小到每天吃什么、穿什么，全替男孩包办了；大到上什么兴趣班、选择什么专业，事事替男孩做主。父母因为怕男孩走弯路、受伤害，所以不给他做决定的机会，一次次剥夺他承担和负责的机会，最后，男孩只会变得依赖父母、不懂思考、毫无主见。"你可以自己决定。"这句看似很随意的话，却能让男孩体验到什么是真正的自主感和掌控感。

那种"自己说了算"的感受，才是男孩主动进步的源泉，也是他跌倒了还能爬起的动力。

07

第七句："你感觉怎么样？"

为什么那个叽叽喳喳、废话不停的小男孩，不知道从哪天起就变得沉默寡言，与父母无话可说了？其实，男孩分享欲的消失正是由于父母错误的沟通方式，比如，开口就是指责，总是爱说大道理，每天不停地唠叨，任何话题到最后都变成学习……

这会让男孩认为，自己是不被尊重、不被重视的，没有人在乎他的情绪，没有人理解他的感受。久而久之，他有事就会瞒着你，也不敢对你说真话，亲子间便竖起了高墙。

作家周国平曾说，做孩子的朋友，孩子也肯把自己当作朋友，才是做父母的最高境界。所以，平日里多问问男孩“你觉得呢”“你感觉怎么样”，这样便能够保护他的分享欲，帮助他建立自尊和自信。要知道，父母的理解和在意，胜过一切道理和教化。

08

第八句：“你自己也可以做到。”

在自然界有一条法则：小狐狸到了一定的年纪，就会被父母赶出去独自谋生，它们必须独立养活自己。这个看似残忍的举动，恰恰能让小狐狸成为一个正常独立的个体。

现实生活中，很多父母会因为过度担心，而给男孩过多的关注和帮助。儿子想要帮忙收拾碗筷，父母就急急忙忙地说：“放下来，妈妈收拾就好。”儿子想要自己坐公交车上学，父母又不放心：“太危险了，妈妈送你去。”

然而，心理学家朱迪思·洛克博士在临床治疗中发现：

父母越来越多地参与孩子的生活，会导致孩子没机会学习怎么做一个成年人。如果父母只注重保护男孩，而不给男孩探索和尝试的机会，他就永远都只能依附在父母身上。父母若希望男孩能够独立，不妨学学“狠心”的老狐狸：大胆放手，让男孩去独立完成一些事。

09

第九句：“爸爸妈妈永远爱你。”

绘本《大卫不可以》里，大卫是个特别调皮的孩子，总是在家爬高爬低，把自己弄得满身是泥，把浴缸弄得一团糟……所以妈妈总是把“不可以”挂在嘴边。后来，他又打碎了妈妈的花瓶，妈妈生气地让他面壁思过，大卫哭得很伤心、很绝望，妈妈立马将他抱在了怀里，对他说了一句：“大卫乖……我爱你！”那一刻，大卫所有的无助、惶恐全消失了。

精神分析学家弗洛伊德说过：“我发现，那些认为自己被母亲喜欢或偏爱的人，在生活中会展示对自己的信心、无法撼动的乐观，常常显得英勇，而且总能获得真正的成功。”

所以，家长不要把对男孩的爱藏在内心深处。不管是男孩闯祸了，遇到困难了，还是被人欺负了，都要直白又真挚地告诉他：“爸爸妈妈爱你。”“爸爸妈妈永远都是你坚实的后盾。”这一句句充满爱意的告白，是我们给男孩一生最美好的礼物。

10

蒙台梭利曾说，我们对儿童所做的一切，都会开花结果，不仅影响他的一生，也决定他的一生。男孩是进步还是堕落，是自信还是自卑，全在父母日常的言行里。男孩 99% 的优秀，来自父母 1% 的改变。

【妈妈养育心法】

父母说的每一句话都有魔力，越是对亲近的人，越应该注意语言的分寸。想培养内心强大的男孩，妈妈需要平时少说这 3 类话。

- 否定的话。男孩在妈妈否定性的语言中并不会得到激励，只会感受到埋怨和嘲讽。
- 指责的话。活在妈妈的指责下，男孩会对父母的爱产生怀疑，陷入无助，变得没有安全感。
- 负能量的话。对于一个听多了负面话语的男孩，眼中的世界一定是灰蒙蒙的。久而久之，他就会变得悲观消极，小心翼翼，不敢让自己成为焦点，更不敢为自己发声。

男孩爱顶嘴，其实是好事

前几天，闺蜜跟我抱怨："我真不知道我最近怎么得罪我家那小子了，处处跟我作对。我喊他吃饭，他说：'我现在只想吃冰激凌。'我催他收拾自己的房间，他不仅坐着看电视一动不动，还不耐烦地顶我：'我自己的房间，我想什么时候收拾就什么时候收拾！'我让他关掉电视，赶紧去刷牙睡觉，他反问：'我凭什么要听你的？'"最后，闺蜜愤愤不平地说："这熊孩子，我说一句，他顶一句，每天气得我血压飙升，我真想拿块抹布把他的嘴给堵上。真不知道别人家的孩子是不是也这样？"

曾经有这样一项调查："孩子慢慢长大后，你最讨厌孩子的什么行为？"结果，超过 75% 的父母选择了顶嘴。可顶嘴，一定就是坏事吗？

01

很多男孩在 7 到 9 岁期间，会有一个儿童叛逆期，这个时期的男孩无论大人说什么，都要顶嘴反驳，很多家长也会因为男孩爱顶嘴而生气。但心理学家认为，男孩顶嘴是因为感到无助和困惑，他们觉得自己的权利被剥夺了，却又无力反抗，恼怒之中不自觉地用顶嘴来找寻一种心理平衡。

弗吉尼亚大学曾跟踪调查过 150 个 13 岁的孩子，结果发现：那些在家里经常跟爸妈“顶嘴”的孩子，往往能更加轻松地应对外界的意见分歧，能更好地应对压力，未来在职场上表现也更优秀。

顶嘴其实是男孩的一种防御和反击。大部分时候，男孩和父母顶嘴是因为他想表达自己的想法而已，可父母强硬的态度，让他不得不在顶嘴中做出防御和反击。家庭教育专家兰海也说：“孩子爱顶嘴，第一说明你们家是开放民主的，孩子有话可以说；第二代表你们家的孩子，有非常强的独立思考能力。”所以，男孩爱顶嘴，是成长的一个标志，说明我们的男孩开始拥有自我意识了。

02

有研究发现，孩子与其他人顶嘴时，能刺激语言能力的发展，并且孩子通过争辩能掌握一定的逻辑技巧，对逻辑思维的发展也有很大的帮助。换个角度看，男孩正是在顶嘴的过程中，提高了认知，训练了思维能力，更培养了独立思考的意识。

《家有儿女》中的刘星虽然学习成绩不好，可他反应快，思维敏捷，很多观众十分喜爱这个角色。而刘星就是全剧中和家长顶嘴最多的孩子：当刘梅让刘星剥豆时，刘星说剥豆是智商低的人干的；刘梅说夏雪学习成绩好，刘星立刻反驳，除了学习成绩，他拥有夏雪不会的能力……可见，男孩顶嘴，其实是他增长智力的过程。在一次又一次的顶嘴争辩中，男孩提高了自己的思维能力，增强了独立性。

德国心理学家曾经做过一项实验。实验组成员跟踪观察了 2 至 5 岁的孩子，直到他们的青年时期，结果发现：在儿童期有反抗倾向的孩子中，84% 长大后意志坚强、有主见、独立性好；而儿童期没有反抗倾向的孩子中，仅有 26% 长大后意志坚强，74% 长大后遇事缺乏独立性。

其实，叛逆期是男孩形成独立性格的一个重要阶段，顶嘴是男孩自我成长的一种方式。父母在面对爱怼自己的熊小子时，千万别急着否定打压，你应该为此感到高兴，这证明你家的熊小子正在成长，正在变得越来越聪明，越来越独立。

03

男孩顶嘴的过程，其实是他为自己争辩的过程，也是父母引导他明了什么是对、什么是错的过程。但是父母要注意，我们允许男孩顶嘴，并不是让他任意妄为，当他顶嘴时，我们可以这样做。

1. 了解男孩的真正需求

有时，男孩和你顶嘴，多听一句，你可能会获得意外的答案。

有一回，我和儿子一起去爬山，山腰上有很多树，儿子一定要去树上摘果子。因为树长在半山腰上很危险，所以我阻止了儿子，他却说："不，我一定要去！"我当时已经有点儿生气了，但是我控制住了自己，然后耐心地问道："你为什么一定要去摘果子呢？"他说："想带回去给奶奶，奶奶喜欢吃。"原来孩子是因为惦念奶奶，才不听我的话。

当男孩在和我们顶嘴时，我们应多听一句，或者多问一句，了解他们的真正需求。另外，我们会发现，男孩叛逆、顶嘴的背后自有他的原因和道理，甚至会让我们看到平常看不到的男孩的另一面。

2. 做到恰到好处的妥协

有时男孩和父母顶嘴，纯属对着干：你说东他说西；你让他这样做，他偏要反着做。比如，你让男孩"晚上 8 点前睡觉，晚饭必须吃，洗完澡才能睡觉"时，他偏说不行。

面对这类小事时，我们不妨做个懒家长：随他们去。让男孩自己去了解“不吃饭会饿，不睡觉会困，不洗澡会臭”这类对他自身不利的事情，他明白了后果，自然就会改正。

但在碰到一些原则性问题时，“懒家长”就必须变为“狠家长”，必须让男孩听你的话。比如，对于不可以骂人，过马路必须看红绿灯等和人品、安全有关的原则问题，我们绝对不能妥协。我们要学会在“懒家长”和“狠家长”的角色之间灵活切换，面对男孩的不同问题懂得哪些可以妥协、哪些不可以妥协，这才是合格的教育方式。

3. 换一种交流方式

相比较一个爱说教的父母，男孩们都更喜欢有趣的父母。

有些家长习惯带着焦虑情绪和男孩沟通。比如，叫男孩起床时，会满是抱怨地说：“还不起床，磨蹭什么呢？我上班都快迟到了！”此时，你其实可以这么说：“小懒虫该起床啦，不然你会害得妈妈上班迟到。”这样男孩的抵触心理便会少很多。当你告诉男孩快去刷牙时，不要命令他，而应对他说：“刷完牙我们就可以读故事啦。”这种引导男孩主动刷牙的做法，效果会好很多。

要用男孩更能接受的方式。当男孩在父母的话里听见的不是“麻烦”，自然也就没有了“被命令”的感觉。命令少了，顶嘴也就少了。父母的交流方式变有趣了，男孩也更容易心平气和地和你说话。

记得有人说过这么一句话："中国父母最难能可贵的话是：孩子，你自己怎么想？"事实上，孩子不是永远都是错的，父母也不是永远都正确。一味地命令或者强迫男孩听话，必然会导致男孩的反抗。只有父母先学会改变态度，才能让男孩改变态度。

【妈妈养育心法】

父母对待男孩顶嘴的方式，藏着男孩与未来交手的样子。有时候，允许男孩顶嘴，坚定地和他站在一起，才能帮助他在成长的路上走得更稳更远。对此，妈妈们可以采取以下几种策略。

- 倾听和理解。试图理解男孩为什么会顶嘴，多问一句"为什么"，有时也许就会发现不善表达的男孩可能也有合理的理由或是情绪需要表达。
- 沟通和表达。双方冷静下来后，与男孩进行沟通，告诉他顶嘴是不尊重人的行为，并教导他如何用更恰当的方式表达不同意见。
- 设立规则。家庭中可以有不同的声音，但也应该有明确的规则，要让男孩知道哪些行为是可以讨论的，哪些是绝对没有讨价还价的空间的。

男孩总撒谎，妈妈怎么办

最近，闺蜜因为儿子撒谎的事情彻夜难眠。

她吐槽说，儿子上幼儿园的这一个月，一直都在挑战她的极限，为了不去幼儿园，他绞尽了脑汁来找理由：“妈妈，我肚子疼，今天不能上幼儿园了。”“妈妈，这根手指头不能动弹了，可不可以不去幼儿园了？”“妈妈，我的鞋子粘在了地板上，去不了幼儿园了。”……儿子拙劣的演技和一些经不起推敲的谎话，让闺蜜很气恼。看着天真可爱的儿子，她想发火，但又担心自己反应过激，会给儿子的心灵造成伤害。

大多数父母对男孩撒谎的最大担忧就是他们的品格出现了问题，但实际上，男孩撒谎，并不一定都是坏事，我们需要具体问题具体分析。

01

生物学家达尔文曾经在他的“当爹笔记”里，详细记录了儿子威廉撒谎的事情。

这天，达尔文看到威廉蹑手蹑脚地从厨房走出来，小心地把钢琴键盘盖盖上，眼睛还老看向钢琴。看到这一幕，达尔文马上想起来之前威廉在厨房偷吃了砂糖后的样子：目光异常敏锐，举止异常怪异。于是，达尔文走过去，问威廉从厨房拿了什么。“没什么。”威廉回答。与此同时，威廉还是不停地往钢琴上看。达尔文走近钢琴，威廉紧张地大叫：“别看，爸爸你走开！”威廉紧张的反应，引起了达尔文的兴趣，他不顾威廉的反抗打开键盘盖，看到了被藏起来的东西。原来，威廉偷吃腌黄瓜的时候，不小心把黄色的汁弄到了钢琴上，威廉的一系列反常举动都是为了掩盖偷吃的证据，就和上次偷吃砂糖一样。

知道真相后，达尔文并没有恼怒，而是把它当成威廉成长中的一件“趣事”收录在了他的“当爹笔记”内，并总结道：“这是自然的行为和欺骗。”面对撒谎的儿子，达尔文的反应为何如此云淡风轻？因为那时，威廉还不到 3 岁。

加拿大多伦多大学的李康教授和他的团队，用了 20 年的时间，致力于研究儿童是如何学会撒谎的，他们的研究颠覆了我们的常识性认知：“无论性别、国籍、宗教信仰，30% 的 2 岁孩子会撒谎，3 岁的孩子中撒谎的占了 50%，

4 岁的孩子中超过 80% 会撒谎，大于 4 岁的孩子绝大部分在撒谎。如您所见，撒谎是成长中典型的一部分。”当男孩学会撒谎的时候，我们更应该心下欢喜，因为这意味着男孩离长大又近了一步，他开始有自己的想法了。男孩撒谎不可怕，重点在于父母有没有做好应对准备。

男孩撒谎，父母该怎么办？

02

李康教授在 TED 进行题为《儿童为什么撒谎》的演讲时讲到过这样一个小故事。一个叫乔尼的孩子，给老师打电话说：“梅西纳先生，我的孩子乔尼，今天不去学校了。”老师问：“请问您是谁？”乔尼回答：“我是我爸爸。”

李康教授的研究指出，孩子成功撒谎需要具备一定的心理和认知能力，这包括所谓的“读心能力”（理解他人的心理状态和信念）和“自我控制能力”（控制自己的行为和表情以维持谎言）。这两种能力的发展是儿童认知和社会生存技能成熟的标志。他在研究中发现，那些能够成功撒谎的孩子在某些认知任务上表现得更好，这表明他们具有一定的认知优势。这并不是说撒谎是一种积极的行为，而是说撒谎行为背后的认知过程反映了孩子在某些智力和情商方面的发展水平。

多数人认为，男孩撒谎早，那他一定是有一些人格缺陷，并且一生都是病态的撒谎者。然而，李康教授的实验证明，这个认知存在片面性，很多时候，孩子撒谎并无恶意，只是一种本能表现。

有一次，在小区广场上，几个三四岁的男孩围在一起，在比谁家爸爸更厉害。一个男孩说："我的爸爸会划船。"一个男孩说："我的爸爸会讲很多故事。"还有一个男孩说："我的爸爸会开车。"这时候，一个一直没有说话的男孩的小脸涨得通红，用尽全身力气喊道："我的爸爸才厉害呢，他是超级英雄，在拯救地球。"男孩的话让他的妈妈有点儿尴尬，因为她是一位单亲妈妈，孩子的爸爸在他 6 个月的时候遭遇车祸去世了。一起遛娃的妈妈们同时做了一个"嘘"的动作，示意她不要去戳穿孩子的"谎言"。

《儿童行为心理学》一书指出，学龄前会撒谎的孩子，是因为没有明确的道德、是非观，在孩子的世界里认为自己舒服、高兴就是"对"的。实际上，年幼的男孩很多时候根本分不清想象和现实，他们常把自己想象和渴望的事情当作真实发生的事。对于这种无伤大雅的谎言，家长无须担忧。就像给男孩讲圣诞老人的故事一样，其实我们可以和男孩一起把善意的谎言圆下去。

03

面对男孩撒谎，我们作为家长，要以平常心对待，不能如遇洪水猛兽，但也不能置之不理。那么，我们该如何做才能形成正向引导呢？在这里，我建议家长先搞清楚男孩撒谎的原因，根据不同的原因，对症下药，这样才能药到病除。

1. 源自想象力的谎言

有天晚上，3 岁半的儿子突然神秘地跟我说："妈妈，我要给你讲一个怪兽的故事。"我马上表现出强烈的好奇心，于是他开始讲故事了："从前，有个雷德王，居住在荒无人烟的岛上……"儿子见我用眼瞄了他一下，赶紧补充说："这个雷德王不是电视里那个。"我一听，心里乐了，心想："小样儿，我看你怎么编。"我配合着他的节奏，故作惊讶地说："哇，我儿子好厉害，都有自己的雷德王了，快跟妈妈说说，你的雷德王都做了些什么。"

在我的引导下，儿子给我讲了一个"高仿版"雷德王的故事，虽然讲得磕磕巴巴，也很蹩脚，但那天我们都异常开心。所以，对于男孩天马行空的想象力，父母千万不要简单粗暴地一句"不可能，你不要撒谎"来妄下论断，否则会打击男孩的想象力和创造力。

面对那个脑洞大开的小人儿，父母要不较真、不揭穿，顺着他的意思，配合孩子，一起呵护他想象力的小火种。

2. 逃避责罚的谎言

日剧《追忆潸然》中有这样一句扎心的台词："小孩子是从说真话而大人却不相信的时候开始，才选择说谎的。"

在某综艺节目中，有个七年级男孩，讲述了自己如何从一个从不撒谎的好孩子变成一个爱撒谎的“坏”孩子的故事。

一次他犯了错，父母问他：“你知道错了吗？”他如实回答：“不知道。”没想到招来了父母的棍棒教育，他说完后父母对他一顿“胖揍”。第二次犯错后，父母又问他：“知道错了吗？”学乖后的他即便不知道错在哪里了，为了免于皮肉之苦，也只能乖乖地说：“知道了。”

男孩之所以习惯性撒谎，一是父母透支了自己的信任，二是为了逃避责罚。所以，当男孩犯错后，父母首先要做的就是信任，其次就是用循循善诱代替粗暴的身体惩戒。

我看过这样一则新闻：商场里有个男孩打翻了粥，男孩的妈妈并没有责备他，而是让他蹲下来打扫卫生。这种用承担后果代替说教责骂的教育，会让男孩直面错误，并在这个过程中让他学会担当和负责。

3. 寻求关注的谎言

朋友曾分享过这么一个故事。她家的二儿子刚出生时，一家人都围着老二转。老大认为大家更喜欢弟弟，忽略了自己，有点不开心，于是他趴在地上说肚子疼。当爸爸妈妈放下手中的事，开始关心他后，没过多久他自己就开开心心地去玩了。很明显，老大在用谎言吸引父母的注意力，以此来把他们的目光从弟弟引到自己身上。其实这种现象在二孩家庭中尤为多见。

如果男孩突然变得爱撒谎，父母可以先从自身找原因。

是不是平时工作太忙，或者应酬太多，忽略了孩子？还是因为家有二孩，或者是夫妻感情不和破坏了男孩的安全感呢？我们的男孩只有感受到被爱，才能更加健康地成长。父母要给他多些关心，让他感受到爱，而不是让他用谎言来赢得爱。

4. 模仿性的谎言

印度第一位女总理英迪拉·甘地说："最好的教育是以身作则。孩子们对谎言或虚伪的语言很敏感，如果他们尊重你、依赖你，他们就是在很小的时候也会同你合作。"父母的言传身教比任何说教都有意义。想要鼓励男孩说真话，父母要以身作则，做好示范作用。

教育家陶行知先生在《小孩不小歌》中写道："人人都说孩子小，谁知人小心不小。你若小看小孩子，便比小孩还要小。"再小的孩子也有思想，想要一个不撒谎的男孩，父母要把男孩当作独立的个体对待。父母要起到榜样作用，答应男孩的事情不要爽约；自己犯了错误，不要找借口，要勇于承认错误；尤其是，不要当着男孩的面撒谎。

最后，一定要告诉男孩，撒谎只是一时爽，说真话，讲实话，才能游刃有余地行走于世，一世爽。

【妈妈养育心法】

发现男孩撒谎后，不能任其发展，也不能责备打骂，那么我们到底应该怎么做呢？

- 跳出“撒谎就是品质问题”的观念。撒谎是男孩成长的必经之路，父母发现男孩撒谎后，不妨先冷静一下，先从积极正面的角度去认识撒谎的意义。
- 反省自己是不是在逼男孩撒谎。实际上，男孩是非常敏感的，能够敏锐地感受到父母是开心、沮丧或愤怒。有时候，他很可能是为了逃避父母的责骂而选择用一个谎言掩盖另一个谎言。
- 给男孩说真话的机会。在发现男孩做错事时，不要一言不合就指责、吼骂，而是在理解和接纳的基础上，去引导和鼓励他说出真实想法，这样才能让他感受到诚实是安全的。

批评男孩的正确方式

我已经记不清这是第几次，儿子歇斯底里地冲我怒吼了。

周末，儿子独自在房间学习，我推门进去时，恰好看到他慌张地关闭游戏界面。我的血压瞬间飙高，上来就是一顿炮轰：“你怎么这么不自觉？老师上课讲了什么？你懂了吗？笔记做了吗？作业会做吗？天天被老师说，你还敢‘摸鱼’……”不等我说完，儿子就把我推出了房门，我还是非常生气，在门口又训斥了他几句。结果，儿子的火气比我还大，他大吼道：“你到底要怎样！是不是要我把命还给你，你才满意？”儿子冷漠的眼神，句句带刺的语言，拒我于千里的态度，让我不禁发抖：这还是我那个听话懂事的儿子吗？我不懂，为什么我只是批评了几句，他却非要跟我对着干；为什么我付出了那么多，儿子却视我为仇人。

听了我的哭诉，作为心理咨询师的朋友非但没有安慰我，反而无情地反问：“你怎么做人家妈妈的？只会揪着问题骂吗？情绪管理不会吗？正面管教不会吗？就事论事不会吗？”看我愣住，朋友解释道：“怎么样？心情不好受吧？现在理解孩子当时的感受了吧？批评可以，但它不应该是你裹挟负面情绪、摧残孩子心灵的武器。批评的目的应该是传递价值观，是激励而不是打击，是唤醒而不是压抑。”

同样是受到批评，有的孩子会改错长进，有的孩子却丝毫意识不到自己的问题。追根究底，是父母不同的批评方式，造就了孩子不同的人生走向。

01

我曾经看过一则新闻。江西一个 16 岁的男孩，因为在学校表现不好被学校开除，妈妈在接他回家的路上没忍住，批评了他几句。男孩的心情本来就不好，妈妈却仍在一遍一遍地浇冷水。愤怒之下，他加快了脚步，在经过一个十字路口时，把妈妈甩掉了。之后，这孩子就没了踪影。直到 9 天后，有人在他原来就读的初中发现了他。原来这些天，他一直藏在篮球场的储物间里，饿了就溜进各个教室，趁没人的时候找点小零食充饥。

难以想象，男孩到底是有多绝望，才宁愿一个人待在这样又脏又乱的地方而不愿回家。更让人震惊的是，再次见到妈妈时，他一把推开了妈妈，扔下一句“我不想和你说话”之后，再也不理她了。

不过是批评了几句，为什么男孩就如此决绝？其实，教育男孩的时候，说的人和听的人的心理基础是不一样的。父母责备、批评男孩时，心理基础是：你是我的孩子，不管我怎么骂你，都是为了你好。潜意识里，父母觉得这是自己爱的表达。可男孩不一样，他的感受往往是由父母的态度决定的。当父母的批评充满打击、否定，甚至人格攻击时，就必然会伤害男孩的自尊心，他就会破罐子破摔，不听父母的管教，任由不良行为持续。

我曾经在网上看到过一项关于青少年抑郁症患者的调

查，他们回忆起的自己最痛苦的事，大部分是父母一些伤人的批评，一位网友说："每次父亲开口骂我，我都会忍不住自我怀疑，觉得自己一无是处。"

批评不是原罪，背后的打击和贬损才是。事实上，每一句伤人的话，都不会变成激励，反而会摧毁了男孩的尊严和信心，不断提示着他自己有多么糟糕。

02

心理学家钱志亮说过："当孩子犯错时，家长不应该高高在上地去指责教训孩子，而应充分尊重孩子，用更智慧的方法引导他自我反思，唤醒孩子内在的自省能力。"批评的内核应该是引导和鼓励，是让男孩"抬头"，而不是"低头"。

国学大师梁漱溟一生波澜壮阔，成绩斐然，他在自述中指出，其父梁济对他的影响极大。他 9 岁的时候，辛苦积攒的一串铜钱忽然不见了，他到处找不到，大声哭闹了很久。第二天，父亲在庭院里的一棵桃树上无意中发现了那串铜钱，知道是儿子贪玩遗落在了这里。但他没有责备儿子，而是写了张纸条给儿子："有个小孩自己把钱挂在树上，却到处寻找，吵闹不休，真是毫无道理。"梁漱溟拿着纸条，果真找到了自己遗忘的铜钱，顿时不好意思起来。一直以来，无论梁漱溟犯下什么错，父亲都不疾言厉色训斥他，而是提醒、暗示，启发他思考、自我反省，这种批评教育很好地培养了梁漱溟的自省意识。

男孩的改变，是需要外在力量的。想要男孩正确认识自己的错误，我们首先要放下成见和评判，看见和接纳男孩，就像“南风效应”指出的：越去评判或谴责孩子，对孩子刺激越大，只会激发孩子叛逆的情绪。只有提供温暖和煦的引领，男孩才愿敞开心扉，听从父母的教导和建议。家长坚定的态度和温和的话语，就是男孩改变的力量源泉。

03

美国教育界将批评定义为“constructive feedback”，翻译过来就是“有建设性的反馈”。也就是说，批评是一种反馈，是对男孩行为、表现的回应。正确的批评应该是有建设性的，要对男孩有帮助、有益处。父母想要男孩意识到问题，并及时改正，不妨采用“二八定律”。

1. 两分道理，八分共情

高级心理咨询师贾容韬分享过自己的一个经历。

他的儿子骑自行车撞了一个小孩，虽然对方只是皮外伤，没大碍，却要花去上千元的检查费和医药费。儿子出于害怕，不敢回家。对此，贾容韬没有着急批评，也没有讲大道理，而是先和儿子共情：“我特别理解你现在的心情，其实你不必太责怪自己，谁能不犯一点儿错呢？我知道你不是有意的，谁会无端给家里添麻烦呢？”然后，他帮儿子修好了自行车。

见父亲如此理解和接纳自己，儿子开始反思自己的错误：“我要是骑慢点就能避开那个小朋友，也就能避免这次事故。”贾容韬这才开始输出自己的道理，告诉儿子各种交通安全知识，儿子听得十分认真。

很多时候，不是男孩不听话，而是讲道理之前，我们要先给予男孩多一些将心比心的安慰。激烈尖锐，解决不了问题；和风细雨，才能把话说进男孩的心里去。

2. 两分批评，八分肯定

一个小男孩把心思都花在游戏上了，导致学习常常不在状态，妈妈很焦虑。

一天，妈妈见儿子又在痴迷地玩游戏，便对他说：“宝贝，你真厉害，能专注于一件事这么久。”儿子听了很高兴，妈妈又接着说：“要是你能在写作业时也这么专注，那就太好了。不过，妈妈相信这也难不倒你，对吧？”儿子爽快地答应了，从那天起，儿子对待学习明显更用心了。

这位妈妈用的方法就是心理学上的“三明治效应”：先赏识、肯定、关爱对方的优点，然后提出建议、批评或不同观点，最后给予信任、支持和帮助。父母在夸赞的基础上提出意见，男孩会觉得父母是善意的，也就更愿意接受批评，并改正自己的不足。

3. 两分建议，八分分享

家庭教育指导师刘称莲分享过一个朋友的故事。朋友偶然间发现儿子的衣服口袋里，藏有很多传情达意的“小情书”。朋友意识到，儿子才小学五年级就早恋了，但他没有直接揭穿儿子，而是选了一个父子俩都很放松的时间，跟儿子分享了自己早恋的经历。他说自己很小的时候就喜欢上一个女孩，但是因为那时候的自己没有能力，就把这份感情偷偷放在心里。直到考上好大学，对未来有了规划，自己才开始和女孩谈恋爱，并结婚生子。关于儿子的小情书，爸爸自始至终没有提一个字，却巧妙地给了儿子处理这件事的建议。第二天，那些情书就不见了。

和男孩分享自己的经历，就是一把打开男孩心扉的钥匙。因为男孩听不进生硬的命令或建议，但父母亲身经历过的故事能很好地引导他，给他指明方向。

有句话说得好：为人父母，其实是一场修行，养的是孩子，修的是自己。在成长过程中，男孩难免会有犯错误、表现不尽如人意的时候。我们要做的，不是用各种严厉的语言逼着他认错，而是让他学会思考。我们要解决的不是男孩，而是男孩身上的问题。让男孩主动自发地改变，比家长说再多大道理都来得彻底、有效。

所以，任何时候都不要让批评没有了爱，让教育没有了温度，让亲子间只剩下满嘴的说教。一个沐浴在爱和接纳里的男孩，才能从心里生出无限的力量和勇气，成长为一个内心有爱、眼里有光、不负期望的孩子。

【妈妈养育心法】

批评是一门艺术。面对男孩的问题，如果父母只知道训斥男孩，不停地打击他，那么他们根本不可能愿意亲近父母，朝着父母期待的方向发展。除了本章提到的二八定律，批评男孩时，还可以采用“三分钟原则”。

- 一分钟聆听。好妈妈要学会聆听，尤其是当男孩犯错时，蹲下来先听他说，或许我们会看到一个和自己想象的截然不同的世界。
- 一分钟批评。好的批评，从不以贬低男孩的自尊心为前提，而是让男孩真正吸取教训，规避问题，知道以后怎么做。
- 一分钟鼓励。批评男孩后，也不要忘记给他足够的鼓励，让他知道犯了错并不可怕，只要改正就好，不管怎样，他都是父母最爱的孩子。

与男孩沟通，父母态度要一致

杭州有一对夫妻因为辅导孩子写作业的问题而吵了起来。上小学四年级的儿子不肯认真写作业，一直在看电视，妈妈一气之下，就打了他。打人的这一幕正好被爸爸看见了。爸爸觉得，妈妈在教育孩子的时候太心急，于是两人因为教育观念不同就吵了起来。妈妈觉得很委屈，离家出走了，爸爸担心出事也跟着追了出去。情急之下，男孩选择了报警。电话里，男孩很委屈地抱怨道："妈妈逼我学英语，但我看不懂，老师也没有教到这部分，但妈妈却根本不听我解释。"后来，经过民警的调解，夫妻两人意识到了错误，保证下次一定冷静处理，才让这场"闹剧"收场。

很心疼这位妈妈，儿子不听话，老公不给力，夫妻二人的教育也没有起到任何作用，还伤害了孩子。有时候，父母总会因为教育观念的不同而发生矛盾，一部分父母甚至当着孩子的面吵架。这是典型的"拆台式"教育。

在教育孩子时，很多父母一个唱红脸，一个唱白脸。不要以为这种方式很好，它其实在无形之中给了孩子巨大的压力，让孩子不知道该听谁的，最终失去教育的意义。

01

某电视节目中有这样一幕：男孩在天台上喊话，说父母总是因为他的学习和作业问题而吵架。两人都想证明自己的方法是对的，经常说着说着就大动干戈。有一次，男孩想玩游戏，爸爸认为他可以先玩游戏，妈妈却觉得他应该先学习。夫妻两人为此越吵越凶。说到这里，少年泣不成声："如果我学习很好，习惯很好，爸爸妈妈应该就不会吵架了吧。"隔着屏幕，我们都能感觉到小男孩的难过。

李玫瑾教授说："管孩子，只需要一种声音。"如果父母在教育孩子时总是产生意见分歧，"拆"掉的不仅是夫妻关系，还会给孩子带来很深的伤害。心理学上有一个"手表定律"：当一个人只戴一块手表时，他可以知道现在是几点；当他戴着两块或更多块手表时，他却很难确定准确的时间，同时也失去了对准确时间把握的信心。这个定律告诉我们，如果给孩子两种或者多种选择，通常孩子会无法选择。

父母意见不统一，男孩心里没了主心骨，长此以往会让他养成趋炎附势的毛病，不利于男孩的成长。夫妻之间一定要有默契，一个人在管男孩的时候，另一个人不要随便插手，更不要“拆台”。因为任何一种优质的教育都比不上夫妻同心、家庭和睦。

02

我看过一则很有趣的新闻：一个小男孩因为折断了客厅的花叶，害怕被妈妈惩罚，主动面壁思过。只见小男孩低着头，一副知错就改的模样，还时不时偷偷地瞄妈妈几眼。一旁的爸爸看到儿子主动承认错误，还不忘“落井下石”地说：“你说你嘚瑟啥，我都怕你妈……”这看似无心的一句话，却暴露了一个家庭的教育真相：这个家里，妈妈说了算。

父母在孩子面前要做一个好的榜样，更要做正确言行的传播者。夫妻两人，一人在教育孩子时，另一人不要插嘴，这不仅是对另一方的尊重，更是为了给孩子传达清晰的信息。曾有教育专家指出：父亲对孩子的要求必须和母亲对他的要求一致，如果让孩子感觉到父母的“可以”“不可以”等概念有不同，孩子就会产生动摇。

父母的教育理念一致，才能让男孩在无助之中看清事实的真相，帮助他更好地成长。如果父母总是各持己见，男孩会变得焦虑，也会深陷在矛盾之中。所以，父母在男孩面前永远也不要做的一件事情，就是相互“拆台”。

03

有格局的父母都懂得，家庭和睦永远最重要。有时候，我们不能保证观念完全一致，但也一定要用正确的方法来引导男孩。

1. 教育男孩，一个人说了算

我在网上看过一个视频：两兄弟做错事被妈妈训斥了，到爸爸面前来告状，理直气壮地说妈妈“太凶”“教育方式不对”，爸爸却坚定地和妈妈站在一边，告诉男孩：“在教育你们的方式上，我和妈妈是一致的，你们是男子汉了，要为自己的行为负责。”爸爸的回答既让男孩看到了他对妈妈的支持，也让他们意识到了家庭的规则。

在教育男孩时，父母站在同一条线上，能让男孩相信父母，进而对规则更有效地执行。如果父母意见不统一，会让男孩陷入迷茫，更不知道自己是否正确。当一个人在教育男孩时，另一个不要插嘴，即使是夫妻双方有意见，也不要当着男孩的面说出来。在男孩面前，父母要永远保持微笑。

2. 不要当着男孩的面争吵

夫妻关系的好坏，直接影响亲子关系的好坏。父母不当着男孩的面吵架，能给予男孩足够的安全感，也能在无形之中给他力量，让他更自信。一个温暖的家中，永远不要有争吵，这能带给男孩最大的自信。即使夫妻两人有不同的意见，也不要当着男孩的面争吵，等到离开男孩的视线以后，两人再相互沟通，寻找解决方法。

3. 夫妻之间，尊重彼此

为人父母，在男孩面前要永远保持一致的态度和步调。因为一个家庭，如果谁都说了算，那就是谁说了都不算。只有夫妻恩爱，彼此尊重，相互不“拆台”，男孩才能慢慢形成成熟的是非观。

教育专家苏霍姆林斯基说：“每个瞬间，你看到孩子，也就看到了你自己。你教育孩子，就是教育自己，并检验自己的人格。”每对父母都是男孩的起跑线，父母积极提升自我，男孩才能不断前行。所以，别再互相“拆台”了，给男孩创造一个更完美的家吧。

【妈妈养育心法】

心理学上的“手表定律”告诉我们：当一个人只戴一块手表时，他可以知道现在是几点；但当他戴着两块或者更多块手表时，他不仅不能获得更准确的时间，反而会使他失去对准确时间进行判断的信心。教育男孩的时候也是如此。生活中，妈妈们要注意以下几点。

- 教育男孩时，夫妻要统一战线，当一个人在教育男孩时，另一个不要插嘴，即使有意见，也不要当着男孩的面说出来，在男孩面前记得保持微笑。
- 夫妻不要当着男孩的面争吵，甚至要求他站队，因为不管最后的胜负如何，输家永远都是男孩。

- 夫妻之间互敬互爱，彼此支持，在尊重另一半的同时，也要维护对方在男孩面前的威严。

妈妈会示弱，男孩更合作

前两天去一个好友家里做客。开门迎接我的是好友 7 岁的儿子。进门后，他用肉嘟嘟的小手拿出一双拖鞋递给我，奶声奶气地说："阿姨，这双拖鞋洗干净了哦！"这个小男孩的体贴、细心把我给怔住了，我不知该说些什么，只得连声道谢。而那时，好友正在沙发上跷着二郎腿优雅地补妆。我坐下后，好友才放下口红，然后转身对着正在一旁玩变形金刚的儿子娇滴滴地说："妈妈今天要跟好朋友玩哦，你要不要当小主人帮我们倒杯茶呢？"那温柔的语调与她平日在职场上的雷厉风行大相径庭。

话音刚落，男孩就放下了手中的玩具，兴奋地说："好呀，今天我当小主人，妈妈你尽情玩哦。"语罢，他便蹦蹦跳跳地跑到饮水机旁接了两杯温水送到我们手中。

好友："突然想吃苹果哦，怎么办呢？"

男孩："我给你洗！"

好友："哎呀，垃圾桶又满了，可是我不想跑。"

男孩："我去换垃圾袋！"

好友像是个生活不能自理的人，对儿子提着各种要求，儿子积极地满足着她的各种要求。看着男孩忙前忙后的小身影，我竟然有些恍惚了：这到底是好友年仅 7 岁的儿子，还是她贴心的小助手？看到目瞪口呆的我，好友"扑哧"一笑，说："养儿子嘛，你就得示弱，保证管用！"那一刻，我恍然大悟。

01

我曾在网上看过一篇题为《爱撒娇的妈妈》的作文，小作者写道："我好怕妈妈撒娇，因为妈妈一撒娇，让我做的事我都会很听话地做完。""我好怕妈妈撒娇，因为妈妈一撒娇，我的心都酥了。"

其实，每个小男孩心中都有一个英雄梦。他渴望能够保护地球，拯救世界。而在他生命初期，他能够保护和帮助的第一个人，就是自己的妈妈。有心理研究结果表明：男孩在成长过程中，需要通过满足别人的需求来得到认可，而为妈妈做力所能及的事，就是最佳途径。

当妈妈说“好困哦，可是我一个人睡害怕”时，男孩心底的保护欲会被激发，他便会早早洗漱完毕爬到床上陪伴妈妈入睡；当妈妈说“好累哦，没力气扔垃圾”时，男孩心底的责任感会被唤醒，他便会毫不犹豫地拎起垃圾袋往楼梯间走去。

这让我不禁想起曾在十字路口碰到的一对母子。当时眼见马上绿灯了，妈妈习惯性地用飞快的语速说：“快拉着我的手，要过马路了。”旁边大约 4 岁的小男孩正专心致志地玩着手里的奥特曼，他嘟起小嘴巴，摇着小脑袋，明显不想放下玩具去拉妈妈的手。这位妈妈并没有生气，更没有粗暴地拉起儿子就走。她蹲了下来，用比儿子更娇滴滴的语气说：“宝宝，妈妈一个人过马路好害怕哦！你愿不愿意拉着妈妈的手，带妈妈过马路呢？”被妈妈这样温柔地一问，小男孩即刻停止玩耍，伸出小手去牵起妈妈：“好呀，妈妈不怕，我牵着你过马路哦！”

原来妈妈的撒娇，是小小男子汉最无法抵抗的温柔。一句轻柔的撒娇的话语，便能让不愿配合的男孩变成理解妈妈、照顾妈妈的小暖男。

02

知乎上有个这样的问题：“有个天天爱跟儿子撒娇的妈妈，是一种怎么样的体验？”其中有个高赞评论这样写道：

“我今天的独立，离不开老妈的撒娇。”接着网友讲述了自己小时候的故事。他成长在单亲家庭，与妈妈相依为命。可与大多数单亲家庭不同，妈妈并没有因为觉得亏欠孩子所以事事宠着他，也没有因为是单亲妈妈而变成一个强势的人。相反，她是一个特别会示弱的妈妈。从儿子年纪小时，她就跟他说：“宝宝，你是男子汉哦，你得保护和照顾妈妈。”上幼儿园后，她开始让儿子尝试做力所能及的家务，比如叠衣服、洗袜子。有时儿子也想偷懒，妈妈便会说：“妈妈也好累哦，不如我们一起尽快把衣服叠好，然后再休息，好吗？”面对妈妈温柔的提议，儿子再想偷懒也会乖乖地从沙发上坐起来帮忙叠衣服。正是妈妈这样温和的育儿方式，让儿子从小就成为一个能够独当一面的人。他不仅比同龄的孩子更能独立生活，还更能独立思考。

其实，现今社会从来不缺能干的妈妈，但懂得通过示弱的方式，引导男孩学习和成长的妈妈确实不多。这是一种高端的养育方法，是用最温和有爱的方式，把成长的机会还给男孩，激发出男孩的担当意识和责任心，从而养育出独立能干的男孩。

03

在电视剧《小舍得》中，田雨岚与儿子之间的亲子关系想必让很多人万分抓狂。在剧中，田雨岚是一个不折不扣的女强人，职场上叱咤风云，家庭中大包大揽，对儿子的学习也是事无巨细地安排。她不仅做事强势，连与儿子说话的方式也很强势：“去，把早餐吃了。”“快，把卷子做了。”一句句命令式的话语，把儿子子悠压得喘不过气。妈妈的付出和辛苦，子悠其实都看在眼里，疼在心里。可因为妈妈过度强势，子悠不认为自己的心疼有任何意义。

渐渐地，母子俩因为误解开始了一次又一次的争吵，亲子关系迅速恶化。当田雨岚被观众指责时，你是否想过，田雨岚的语气和措辞其实也像足了平日的你？当孩子不肯按时洗漱睡觉时，你一遍一遍地吼着：“都几点了？还不去洗漱！”当孩子磨磨蹭蹭地做作业时，你三番五次唠叨着：“还不快点做？这么点儿作业都做不完？”

一句句急躁且重复的话，只会让男孩心生厌烦。相反，如果妈妈试着示弱，激发男孩的责任感和保护欲，也许就能把一场鸡飞狗跳化为母慈子孝。

当妈妈通过示弱的方式发出请求时，男孩所感受到的是尊重和平等。这使得男孩更愿意配合妈妈做事情。在养育男孩的过程中，“以强制强”从来不是方法，而“以柔克刚”才是王道。妈妈越会示弱，男孩会越愿意听话，亲子关系才会越来越好。

04

示弱其实是妈妈的武器。妈妈越会示弱，男孩才会越有担当，越能干。同样，妈妈越会示弱，亲子关系才会越来越好。一个贴心懂事的小暖男背后站着的，从来不是疾声厉色的厉害女人，而是一个会示弱的妈妈。愿你也能放下焦躁，用一句示弱的话换来一个能保你温暖、护你周全的好儿子。

【妈妈养育心法】

“示弱式”沟通“三部曲”：

- 陈述客观事实，比如，“哎呀，儿子，你声音有点大”；
- 阐述个人感受，比如，“妈妈今天工作了一天，好累哦”；
- 表达具体需求，比如，“你可不可以声音小一点，帮妈妈倒杯水，让妈妈休息一下”。

积极的心理暗示，能激发出男孩的内在潜能

前几天我送儿子上学，在校门口看到这样一幕。一个六七岁的男孩不知道因为什么和妈妈发生争执，啪的一下就躺到地上去了。妈妈在边上好说歹说，男孩就是噘着嘴不肯起来，最后还是老师出来把男孩拎进学校去了。事后，妈妈有些尴尬："头痛死了，我儿子臭脾气一上来，我就拿他没辙。"这一句话，让边上的妈妈们好像都找到了共鸣。有的抱怨男孩爱闹腾：我儿子每天不是翻箱倒柜，就是大吼大叫，上房揭瓦，所到之处，一片狼藉。有的吐槽男孩爱搞破坏：我儿子是专业拆家的！只要被他看上的东西，没有一个不被他拆散架的……

不得不说，养男孩就像在"渡劫"，劳心劳力不说，还费嘴又费妈！但其实，男孩的养育就像是驯兽，不需要太用力，但需要用对方向。家有男孩，父母不妨把以下 4 句话常挂嘴边。

01

第一句："有儿子没儿子就是不一样！"

教育家孙云晓曾指出这么一个男孩危机：现代的男孩正在变"弱"，许多男生已经丧失了阳刚、有责任心等应有的男子气概，转而以"阴柔"面孔示人。生活中，这样的场景并不少见。本该勇敢的男孩，却怕黑、怕虫子；本该坚强的男孩，却娇滴滴，动不动就哭鼻子；本该有担当的男孩，却肩不能扛、手不能提。

对此，中国家庭教育学会常务理事卢勤曾多次劝诫家长们要把成长的空间还给男孩。她说："家有儿子，父母要弱一点，你太强大了，儿子就弱了。儿子靠着你，依着你，他就长不大；你靠着他，他就长大了。"那要如何做呢？卢勤给出了一个话术，要多说："有儿子没儿子就是不一样！"

一位妈妈，因为害怕邻居家的大狗，每次回家都跟在老公的后面。后来老公出国工作了，她不敢上楼，儿子就说："妈妈没事儿！你别怕，有我呢。"上楼时狗叫得厉害，儿子虽然也吓得直哆嗦，却仍把她护在身后。她由衷地感叹："有儿子没儿子就是不一样！"儿子听后一脸自豪，胆子也慢慢大起来了。一次，姥姥要出门倒垃圾，儿子便拿了个小板凳走到黑黑的走廊里，把灯按亮，才让姥姥出来。姥姥感动得泪眼汪汪，说道："家里有个男孩就是不一样！”就这样，妈妈抓住时机就对儿子说这句话，儿子就逐渐从胆小怕黑、爱哭爱闹的小男孩蜕变成了小男子汉。

其实，男孩并不是天然就会长成为男子汉的。6 到 13 岁是男孩尝试成为男人的时期，一句“有儿子没儿子就是不一样”看似简单，却在无形中激发了男孩的责任感和价值感。想要男孩顶天立地，父母首先要多褒奖他，赐予他“男孩”角色的勇气和力量。

02

第二句：“为什么这么做？你是怎么想的呢？”

我曾听过一句话：给男孩一个工具箱，他就能把地球拆掉。男孩简直就是拆家界的“杠把子”，有使不完的破坏力，用不完的想象力。新买的玩具，玩不到半天，就给解剖得四分五裂了；把电视机凿了个洞，就为了看看能不能钻进去；明明藏好了的笔记本计算机，再拿出来时键盘已经被抠得七零八落了。生孩子不会让人老，养儿子却分分钟让人疯啊！

其实，根据心理学的分析，男孩爱捣蛋的天性，也是不受自己控制的。一方面，男孩因为求知探索欲作祟，总喜欢把东西拆开来一探究竟；另一方面，男孩的生理和心理发育慢，缺乏自控能力，常常会不顾后果地一探究竟。

所以当男孩又在拆“家”时，父母不要着急给他贴上

“调皮捣蛋”的标签，不妨先蹲下来，问他：“你是怎么想的呢？”毕竟，东西坏了可以修，求知欲被抹杀了，孩子的思想也就被桎梏了。

在校读书期间，就有 4 项发明获得国家专利的温帆，从小也是个爱“搞破坏”的男孩。一次，妈妈花了两个月的工资买的收音机，还没用几天，就被他拆了。妈妈发现后没有大发脾气，也没有指责他，而是问他：“你是怎么想的？能跟妈妈说说吗？”温帆回答：“我想看阿姨在里面怎么唱歌。”一直以来，不管温帆闯什么祸，妈妈都会先听他的想法，肯定他的奇思妙想，再陪着他把东西修好。他的好奇心和创新思维，也因此得到了很好的保护，这才一次次获得国家授权发明专利。就像教育家苏霍姆林斯基所说的：“孩子的智慧就在他的指尖上。动手就等于动脑，拆拆装装的过程就是开发智力、主动探索的过程。”

与其盯着男孩的破坏性行为，不如去发现男孩行为背后的奇思妙想，为男孩提供探索的动力和想象的翅膀。

03

第三句：“关于 ××，你能做到吗？”

因为多巴胺和睾酮的作用，我们的男孩就像一台精神亢奋的永动机，一分钟不闹腾，浑身都痒。在家也就算了，在公共场合，那分分钟是老母亲的大型“社死现场”。我曾经在商场看到过这样一幕。两个男孩无视人来人往的行人，不停地你追我赶。到了日用品区，更是你扔一个垃圾篓，我丢一个厕所刷，就干起架来了。边上的妈妈们不停地叫着："不许跑！别打！别闹了！能不能消停一下……"妈妈们早已喊得口干舌燥，男孩们却依旧东跑西窜。遇到柱子就想往上爬，跑到空点的地方就滚上两圈。妈妈越阻拦，男孩越闹得嗨。

怎么阻止男孩的不良行为呢？作家鱼爸曾给出一种很好的解决方法：把负面的禁语换成正面的指令，最后加一句"你能做到吗"。因为男孩天生不服输，骨子里就藏着不安分，你越禁止，越会激发他的叛逆情绪。反之，你把禁语改成勉励的话，问他"你能做到吗"，男孩感受到了尊重，加上他天生就喜欢挑战不可能的事物，因此往往就不会拒绝你。

所以，我们不妨把话换成男孩爱听的，男孩才能真正如我们所愿。比如："在公共场合需要保持安静哦，你能做到吗？""玩游戏的时候，不能在地上滚和出手打人，你能做到吗？"这样的话术不仅会让男孩体会到挑战的乐趣，还可以让他在完成任务的过程中建立自信。

需要注意的是，在男孩做出对的行为后，父母要及时给予肯定，提升男孩的成就感，从而激发男孩做事的兴趣。当男孩又做错时，父母也不要着急，只需再次提醒即可，重复多次，就可以帮助男孩塑造出正确的行为。

04

第四句：“我发现……”

在养育儿子的过程中，很多妈妈会后知后觉地发现：儿子不仅资质平平，还是不开窍的“学渣”。就拿我儿子来说，钝角、锐角、直角教了 20 遍都记不住；一小时才做 5 道题也就算了，一检查，5 道题错 4 道！关键是男孩不仅作业写得不好，而且字也写得差，还粗心大意，丢三落四，反应慢半拍。不少男孩的妈妈更是直呼：速效救心丸俨然成了自己的日常标配。

男孩开窍晚，难道我们就只能听天由命、静待花开吗？让我们看看教育改革家魏书生是怎么做的吧。他找到了一个考试只考 8 分（满分 100 分）、次次垫底的男孩。

魏书生：“听说你从来不听课？”

男孩：“老师，我听不明白，所以我就不听了。”

魏书生：“听说你也从来不写作业？”

男孩：“嗯，我作业都是抄的，后来老师也不给我改作业了，我也就不抄了。”

魏书生：“听说你回家都不看书？”

男孩：“老师，我看不明白书，所以我就不看了。”

看着男孩自暴自弃的样子，魏书生没有批评、没有说教，反而肯定道：“对啊，你看你自己，不听课、不写作业、不看书，还能考 8 分，不正是说明咱们有天赋吗？”

男孩一听，眼里开始有了光，也开始有了学习的动力。在他的不断鼓励下，后来这个全校倒数第一的男孩的分数从8分提升到10分，26分，再到36分，一路进步到及格，最后还成功考上了军校。

一位教育学家说："在成长过程中，女孩需要更多爱，而男孩需要更多鼓励。"开窍晚的男孩，本来已经对学习感到沮丧，拯救他的唯一途径，就是把他从自暴自弃的境地解救出来，不断地鼓励他。

当男孩的字写得七扭八歪时，你可以挑出那个写得最好的字去肯定他："我发现你这个字的一笔一画，就写得特别端正。"当男孩10道题只对1道时，你可以说："我发现这道题有点难度，但是你做对了。"哪怕是男孩怎么也学不会，你依然要肯定他："我发现你学习的时候，会很努力地去思考。"

"我发现……"这句话的本质，就是努力挖掘出男孩身上的闪光点，去放大它，给男孩自信，让男孩获得成就感。有了良好的体验和感受，男孩才会一步步地成长起来。

05

有位育儿博主说："男孩的养育过程注定曲折，在这条路上，男孩就是一头贪玩的大象，只能看到当下，而父母则是那个手拿地图、能够看到远方的骑象人。但骑象人要知道，你永远不可能通过鞭打让大象赶往远方。”

想要男孩站得高、走得远，苛责、打骂、抱怨都是没用的；父母能做的，就是耐心地去共情、引领、鼓励、肯定、支持他。很多时候，对于一个道理，换种表达方式之后，男孩的反应模式和行为模式就会随之改变，养育男孩的难题也就迎刃而解了。

【妈妈养育心法】

跟男孩沟通，硬碰硬可行不通，我们应该顺应男孩的成长规律，向他释放一些积极的信号，让他主动积极地去参与、体验生活。妈妈可以多说这几句话。

- “有儿子没儿子就是不一样！”这句话主要用于培养男孩的担当意识，激发他的责任心和价值感。
- “为什么这么做？你是怎么想的呢？”这句话是为了保护男孩的好奇心，不让他的奇思妙想被扼杀。
- “关于××，你能做到吗？”很多妈妈因为男孩不听话而感到头疼，其实换一种说法之后，男孩会更加配合。
- “我发现……”这句话主要是为了激发男孩的上进心，父母要看到他的努力和进步，从而让他成为更好的自己。

第2章

性格养成心法

个性是先天的，性格是后天培养的

家有捣蛋男孩？男孩有这 4 个毛病其实是好事

有这样一句古老的外国谚语："男孩是用剪刀、青蛙和小狗尾巴做成的。"他天性调皮，精力旺盛，时常把一切搞得乱糟糟，但是丝毫不影响他将来成为一名男子汉。所以养儿子，千万别只把他的问题往坏处想。如果你家儿子有这 4 个"坏毛病"，别担心，有可能是好事！

01

我曾在网上看过一个段子。因为被妈妈"教育"了一番，小男孩哭哭啼啼地找爸爸求安慰。爸爸顺势说了一句："妈妈是让你好好学习，将来要超越爸爸！"没想到，小男孩的回答亮了："我别的不敢保证，我以后找的老婆，绝对比你的强。"小男孩怼人技术一流，网友笑疯，不禁让人感慨：遇到一个爱顶嘴的儿子，爹妈的"小心脏"真心不容易啊！

日本作家高滨正伸曾在书里写道：“男孩就是好争辩，说服他需要讲道理。女孩，有人关心她、在意她，就会消气；而男孩，只有和他讲道理，才能说服他。”好争辩，是很多男孩的显著特征之一。从某种程度上来讲，爸妈越是说不过男孩，说明男孩的自主意识越强，有胆量反对“权威”，更有主见。

美国弗吉尼亚大学的一项研究显示，与性格温顺的孩子相比，那些敢于和父母顶嘴的孩子，抵御不良诱惑的能力高了大约 40%。

梁从诫，父亲梁思成、母亲林徽因都是著名建筑学家，他的成长之路早早就被规划好了：考清华，学建筑。于是，高考时，母亲林徽因让梁从诫报考了清华大学，可没想到的是，成绩出来后，梁从诫距离清华的录取分数线竟然还差 2 分。林徽因不相信自己的儿子会落榜，于是要求复查试卷，结果却看到梁从诫在试卷上写道：“我不喜欢建筑，我喜欢历史！”

心理学家安格利卡·法斯博士曾说：“隔代人之间的争辩，对于下一代来说，是走上成人之路的重要一步。”允许男孩和父母平等“辩论”，是帮助他变成小男子汉的一个秘诀。

02

有科学研究表明，男孩奇思妙想的问题会更多。相比女孩，男孩的想法也会更加天马行空。正因为如此，有时候，男孩做事情会有些不着边际。

《家有儿女》里的刘星就是这样一个孩子。他迷上福尔摩斯，便“化身”福尔摩斯，推理白菜从哪里买的；自我介绍时，小雪、小雨的回答是“我叫夏雪”“我叫夏雨”，轮到刘星，就变成了“我叫下冰雹”；朋友“鼠标”发明了“玩具精灵头盔”，他二话不说就往头上戴，玩得不亦乐乎。

然而，就是这样一个做事不着调、鬼点子最多的皮孩子，却是《家有儿女》里面情商最高、处事最灵活的孩子。正如网友所说：“刘星才是隐藏最深的别人家的孩子！”

小雪刚来时，故意带假男朋友“狂野男孩”一起来到新家，还把亲妈和爸爸的照片摆出来，给继母刘梅下马威，让她难堪。正在大人为难之际，刘星却见招拆招，招招见效。他发扬自己的鬼马精神，让夏雨对着邻居女孩喊“我爱你”。果然，夏雪急了，赶紧来教育夏雨，刘星的一句话却又让夏雪哑口无言：“你根本没资格管我们，因为我们是跟你学的。”夏雪随即也意识到自己的问题，便不再提起“狂野男孩”。

见夏雪晒照片，刘星也把妈妈和亲爸胡一统的照片摆了出来。刘梅和夏东海顺势有了一个台阶下，于是整了一个照片墙。原本尴尬的家庭问题，在刘星的“一来一回”中，变成了孩子们之间的逗趣玩乐。渐渐地，夏雪也顺利地融入了大家庭之中。

刘星的“小机灵”还不仅仅体现在上述方面：遇到“老赖”，他灵机一动，和朋友演了一场戏，就让老赖自愿地把钱还了回来；遇到坏人，他会拿起拳击套，把那家伙赶出家门；遇到爸妈偶尔的“不明事理”，他能够灵活应对，从不让气氛变僵，玩笑间就把矛盾化解了……可以说，他每次待人处事皆是游刃有余。

为人父母，当儿子和你分享鬼主意的时候，别着急否定，试着和孩子聊聊他真实的想法，给予及时的鼓励和建议。给男孩“灵机一动”的空间，就是对他情商最好的培养方式。

03

“哭什么哭？和娘们一样……”一次，我去公园散步，听到一位爸爸这样教训自己的儿子。原来，男孩在学骑自行车，但一直学不会，总是一次又一次地摔倒。小小的手掌都蹭破了几块皮，我看了都忍不住心疼，男孩受不了哭几声，多正常啊！其实对男孩而言，不允许他哭，是一场灾难。美国心理学家迈克尔·汤普森指出：“一味地坚持传统的刻板观念，阻止了男孩承认自身的情绪，也妨碍了男孩的情感发展，是引导男孩远离自我内心的一种错误的情感教育行为。”

在很多父母的意识中，男孩的常态应该是“坚强”“有泪不轻弹”。但如果一味压抑男孩的负面情绪，反而会让男孩的性格变得沉闷、冷漠。相反，教会男孩如何适度释放情绪，男孩的内心会更加健康，也会更懂得共情。

电影《你好，之华》中有这样一幕：男孩母亲去世，他独自侧躺在床上，强忍着不哭，无法入睡。察觉孩子情绪异样的小姨进门安抚，轻轻用手拍拍孩子后背，然后轻柔地告诉他：“没事，男孩子也可以哭的。”听到这样的话语后，男孩终于绷不住，哽咽起来。在小姨怀里哭累了后，没多久他便沉沉睡去。

的确，在心理学上，会哭是一个人有同理心、懂得调节垃圾情绪的表现。泪由心生，男孩的眼泪，是他消解负能量的“情绪药”，也是他内心健康、成熟的钥匙。所以，父母看到男孩哭，不要一棍子打死，而是要帮助他释放负能量，引导他认知自己的情绪，这样才能从根本上减少男孩的宣泄偏激行为，让他多一些有用的思考。

04

爱冒险的男孩，性格更开朗。

《养育男孩》里提到，由于睾酮的影响，男孩天性精力充沛、活力四射，喜欢争吵和打架，向往外面的世界，对一切充满好奇心。有时候，就连父母都没法明白，他的小脑瓜里装的都是什么。男孩喜欢往角落里钻，桌子底下、柜子里、床底下……哪里神秘往哪里藏；他们爱好一些动作游戏，比如开玩具车、爬上爬下，还喜欢从高处往下跳……可以说什么刺激就玩什么。因此，爱冒险的男孩，常常会惹出一大堆的麻烦出来。

其实，只要父母合理引导，男孩爱冒险未必是一件坏事。杂志《大西洋月刊》曾向公众揭示了一个惊人的事实："以安全之名的过度保护，将独立、冒险和探索精神从孩子们的童年中剥离，然而孩子们实际上并没有变得更安全。"不敢向未知发起挑战的男孩，才需要警惕。

之前有一段时间，我就很后悔过度打击儿子的冒险欲。怕儿子受伤，所以我会限制他玩一切动作激烈的游戏；怕儿子惹麻烦，所以我很少让他出门和朋友一起参加户外活动。这样做最直接的结果就是，儿子的性格变得越来越优柔寡断，做什么事都畏畏缩缩，没有自信。

我意识到了问题的严重性，开始转变策略：不压抑儿子的冒险欲，而是帮助他释放，比如，一有空就带儿子去游泳，学习跆拳道，鼓励他积极参加户外活动，渐渐地，这些事取代了儿子之前想做的一些鲁莽、冲动、有危险的事。慢慢地，儿子又变得活泼开朗，做什么事都充满冲劲了。

聪明的父母，懂得把男孩对高风险活动的探索欲，指引到健康向上、无风险的体育运动中来。所以，别过度打击男孩爱冒险的天性，因为男孩的冒险欲里，藏着他阳光性格的密码。

05

教育家苏霍姆林斯基说：“从我手里经过的学生成千上万，奇怪的是，留给我印象最深的并不是无可挑剔的模范生，而是别具特点、与众不同的孩子。”如果女孩像花儿，温暖向阳，那男孩就像有棱角的石头，顽固又有个性。我们不能盲目打磨男孩的棱角，而是要学会寻找其背后的闪光点。

亲爱的父母们，好好教育和善待那个有“坏毛病”的男孩吧！

【妈妈养育心法】

有时候，只要我们换个角度看待男孩身上的“坏毛病”，就会发现里面其实藏着他成长的契机。

- 当男孩顶嘴时，妈妈无须一味制止，在非原则性的问题上甚至可以多鼓励他表达自己的看法。
- 家有“捣蛋鬼”，我们要做的就是提高他的安全意识，让他在保证自己安全的情况下探索世界。
- 不要禁止男孩哭泣，而是教授他一些情绪管理的技巧，比如，数数、深呼吸、写日记等，帮助他更好地排解负面情绪。

- 如果男孩爱冒险，平日里，爸爸妈妈可以多带男孩进行户外运动。

自信的男孩是这样养成的

教育心理学专家李玫瑾教授曾经说过：“自信是一个人成功的根本，要让孩子明白天生我材必有用。孩子的学习成绩的确很重要，但成绩不是一切，家长应该更注重孩子的全面发展。”家庭教育是一门艺术，父母在教育孩子时，不能唯分数论成败，要知道，成长比成绩重要，成人比成才更重要。注重培养男孩这 4 个方面的家庭，会更容易养出优秀且乐观自信的男孩。

01

李玫瑾教授曾经在讲座中分享过这样一个故事。13 岁少年想要跳楼自杀，留下一纸遗书：“我是个垃圾，什么都干不好的垃圾。”男孩的话语中满是挫败感，他以一种深深的自责和自弃，向父母告别。李玫瑾认为：“我们应该学会一种大度的教育方式。有时候孩子学习上失败了，已经特别沮丧了，我们就不应该再打击他的自尊心，而应该努力找到孩子其他的闪光点，去肯定他，鼓励他。”

盲目地嘲讽、批评、贴标签只会让男孩看低自己的能力，消耗内在能量，甚至还会产生被这个世界抛弃的感觉。为人父母不该吝啬给予男孩鼓励式教育，当男孩得到父母充分的关注与赞赏时，他才能成长为阳光自信的孩子。

我一个朋友的儿子是公认的“学霸”，中考考上了我们当地最好的高中。然而，在他上初一时，英语成绩曾一度不及格。班主任对朋友说，如果孩子的英语成绩再不提高，上高中可能都费劲。期中考试后，孩子捧着成绩单，沮丧地回到家，要强的他哭得说不出话来。为了不打击儿子，朋友决定“改一改”班主任的原话，对儿子说：“老师说你这几次英语虽然考得不是很理想，但你在语言学习方面其实是很有天赋的。”

听到妈妈这么说，孩子明显不相信：自己考得这么烂，怎么可能还有天赋？朋友见状，便继续结合自己过来人的经验说服儿子：“你们英语老师是市里的特级教师，她见过的学生可太多了，凭她的经验和感觉，肯定能知道谁有潜力，要不她怎么会这样说呢？”就这样，男孩自信心被激发，他认真分析自己的短板，埋头学习，主动让妈妈帮他报了英语班，英语成绩在第二学期就有了飞跃。

父母的鼓励能够给予男孩无穷的精神力量，锻造男孩强大的内心；就犹如铠甲一般，保护着他不受外界影响，站在自己的舞台中央闪闪发光。不是所有的鱼，都生活在同一片海里。每一个男孩在成长过程中，都在制造无限的可能性。对于男孩来说，父母的信任和鼓励，是督促他不断实现自我的动力。

02

某作家在节目上分享过这么一个故事。某次家庭聚会的饭桌上，儿子的姑姑让儿子给大家背首诗听。这位作家听到后，立刻站起来大声喊："我来背，我背给你听，我给大家唱首歌都行！"

这件事听起来颇为搞笑，但这位作家接下来的一番话，却不禁让人沉思："最早的攀比氛围，就是在家庭聚会的餐桌上，总有几个亲戚会一边喝酒，一边让孩子们即兴表演。如果别人能一口气背 5 首，而自己却磕磕巴巴一首也背不出来，那么孩子一定会在心里觉得不如别人，陷入自我否定，丧失自信。"

热闹都是大人的，孩子们的心里只剩局促，吃顿饭还要经历九九八十一道关乎学习与艺术表演的难关。很多父母为了顾及自身颜面，不尊重孩子的意愿，强迫孩子表演，只会让原本内向的孩子变得更自卑，原本自信的孩子变得更敏感。

孩子不是父母的面子工程，就像李玫瑾教授说的："一个从小不被尊重的孩子，没有感受到快乐的人，不会有健康阳光的心态。"尊重，意味着将男孩当作一个有思想的个体；不要居高临下地去否定男孩、差遣男孩。尊重使人有底气。一个男孩最大的福气，就是拥有懂得尊重自己的父母，事事有商量，选择有余地，自信的种子也会在心中悄然生根。

03

关于如何培养出一个幸福自信的男孩，李玫瑾教授认为，"父母亲自陪伴比丰富的物质条件更重要"。

安徽学子丁卓立曾在全国物理竞赛决赛中夺得金牌，入选了国家集训队，被保送到了北大。当被问到"对自己影响最大的人"时，丁卓立不假思索地提到了父母。他心里特别感激，因为父母对他的教育一直都是陪伴式的。一开始，他的物理成绩并不是特别突出，幸好父母一直陪着他、引导他，哪怕他学习到很晚，父母也会等着他。正是父母日复一日的陪伴，才让他滋生出信心，最终取得了耀眼的成绩。

其实，父母给予男孩爱的奥秘不能只是身体的陪伴，更要有情感的长久“抱持”。倘若父母缺位，长期被忽视的男孩因为缺乏安全感，长大后会变得性格孤僻、暴躁易怒、自卑敏感，甚至连交流都会存在障碍。

心理学家认为，孩子的自信，是对自己作为一个人的价值的肯定，从根本上讲是来自父母无条件的爱。就像婴儿时期的孩子，他们无法说话，就需要通过啼哭来呼唤父母的拥抱，以此来感受自己是被爱的、被关注的。

有时候给予男孩安全感其实很简单，从每天早上的餐桌旁吃饭开始，父母无须多言，只需静静陪伴即可。回归到日常生活中，父母和男孩共同完成一件小事，比如亲子阅读、搭积木、涂鸦等，男孩就能从中充分感受到父母的关爱。所以，父母要多花点时间陪伴男孩，倾听他的想法，看见他的需求，为他积累自信的底气和将来乘风破浪的勇气。

04

《自驱型成长》一书中告诉我们，孩子的大部分信心源自独立：“这份‘自己说了算’的感受，才是健康心智的前提，才是主动进步的源泉，才是跌倒了能爬起来的动力。因为自己想要，而不是被迫地成为这样或者那样的人。”真正自信的男孩，一定是拥有着自主选择权的孩子。

将 3 个孩子都送入顶尖名校斯坦福大学的妈妈陈美龄，就特别懂得及时放手，让孩子自己做决策。大儿子在美国选高中的时候，妈妈希望他能选一所不错的学校，但儿子只选了一所普通的学校，因为该校会给新生配一匹马。陈美龄尊重孩子的选择，儿子也身体力行证明了自己的选择是对的，成绩优秀和过得开心自信，是可以两者兼得的。

然而，在我们的现实生活中，很多父母总是包办男孩的一切，小到每天吃啥、穿啥、用啥，大到培养什么爱好、选择什么专业，甚至连能不能接受朋友的邀约都要严格掌控。到了谈婚论嫁的年纪，男孩连要找什么样的对象，都得依照父母的标准，自己完全没有做决定的空间。如此一来，男孩的自主意识被抑制，自信心受到打击，缺乏责任感，凡事依赖他人，只会养成讨好型人格。

控制男孩，事事替男孩操办真的很容易，但也是最无用、最有毒的养育方式。是否敢于放手，才是对父母的心理素质和价值判断的切实考验。

爱到深处，无言最真。懂得放手的父母，付出了比限制男孩多千倍的深情、多万倍的努力，自然也值得收获更为自信、更优秀独立的男孩。

05

家庭教育研究专家张文质曾经在《奶蜜盐》一书中提道：“每个孩子的一生，都需要‘奶、蜜、盐’这三种营养。”

奶，是以母爱为核心的“奶”，是父母充分的爱、高质量的陪伴，是让孩子永远不会缺乏安全感；蜜，是以鼓励与赞赏为主的“蜜”，是让孩子永远肯定自我的价值，奠定一生的自信；盐，是帮助孩子在锤炼中成长的“盐”，是勇于放手让孩子去决策，去承担，去把控自我的生命节奏。

每个男孩都是上天送给父母的独一无二的礼物，但最终成为什么样的人，全倚仗于父母的教育。在男孩的成长中，“奶、蜜、盐”三者缺一不可，它们是男孩年幼时亲子关系的亲密无间，亦是其长大后父母的得体退出。父母要多给男孩一些鼓励，减少一些打击，赋予足够的爱，以欣赏的眼光支持男孩奋进，男孩便能在未来的成长之路上走得更潇洒自信。

因为心有光芒，必有远方。

【妈妈养育心法】

培养男孩的自信心是一个长期且需要十分细心的过程，日常生活中，妈妈们可以从以下几点入手。

- 多给予男孩一些鼓励和表扬。适时地给予男孩正面的反馈，能够让他感受到自己被认可。
- 为男孩设定合理的目标。不要想着一口吃成个胖子，和男孩一起设定目标时，要注意既要有挑战性又能够通过努力实现，让男孩在追逐目标的过程中体验成功。

- 避免给男孩贴上负面标签。特别是在公众场合，我们要尽量避免贬低男孩，说他“笨”“懒”“不听话”等，否则会极大地损害男孩的自尊心。

有钝感力的男孩，内心更强大

记得有位名人曾说过这样一句话：“并非所有的压力都可以躲避，困难和挑战是我们必须要去面对的，如果躲着不解决，问题永远还在那里。”

的确，生活的不如意、学习的压力和社交的问题等，是每个男孩都会遇到的困境。

而那些能够笑到最后的男孩，往往都拥有坚强的意志和强大的心脏。

01

某个周末，我看儿子在玩汽车模型，忽然想起他提到老师上周在数学课上进行了一次随堂测试。我走过去探问儿子："你们的测试成绩出来了没呀？"儿子头也不抬地说："出了啊，但我没及格。"我大吃一惊，让他赶紧把试卷拿给我看看。他不情不愿地放下手里的玩具，把头埋在书包里翻找了一阵，然后递给我一张皱巴巴的试卷。看着满篇红叉的试卷，我一下急了，高声问他："怎么回事啊？那天不是说都检查过了，肯定没问题吗？"

儿子却不以为意地撇撇嘴，继续摆弄着手里的玩具，风轻云淡地说："我要是能检查出来的话，还要老师干什么？"看我半天没说话，他又反过来安慰我："没关系，妈妈，不及格就不及格，一次考试而已。你看我们班 ×××，还有 ×××，这次都没及格。"我试图激起他的羞耻心，让他知耻而后勇，便问他："不及格老师不会批评你的吗？"他叹了一口气，一脸宠辱不惊地回答道："唉，批评就批评嘛。考不好让老师说两句，也不会少块肉呀。"我一句话也说不出来了，只好发微信给老师，问她我到底该怎么办。老师则委婉地告诉我："小虎妈妈，作为老师，我觉得小男孩粗心大意很正常。我发现小虎的自我接纳能力过于强大了，好像什么事他都不往心里去。"

这一刻，我不禁想为老师丰富的词汇量点个赞。我儿子哪里是什么"自我接纳能力过于强大"，我看分明是"脸皮厚度相当惊人"。为此，如何改变儿子的脸皮厚度，成了我当妈以来面临的第一个难题。

02

我去外地出差，刚好空出来半天时间，便约了在当地当老师的好友一起吃饭。席间，我把儿子的“光辉事迹”又吐槽了一遍，不禁感叹道：“我念书的时候，别说不及格了，一次考试没进前三都能把自己关在房间里哭成个泪人，果然，厚脸皮才是‘学渣’的保护色。”听了我的抱怨，好友却笑着摇了摇头，说：“其实啊，好成绩在厚脸皮面前，根本不值一提。”

看见我疑惑的神情，好友解释道：她儿子初中的时候，上的是当地一所重点中学的火箭班。而这个班级，从初一开始就实行末位淘汰制：每次月考后，排在倒数 5 名的孩子都会被“踢”出去。

有一次，班里的一个男孩因为发挥失常，被告知从下个月起要去普通班上课，回家后就大病一场。再后来，男孩干脆把自己关在房间里，说什么也不肯去上学了。得知了这件事后，好友担忧不已。她生怕下一个因“脸皮太薄”，被一次考试所伤，最终一蹶不振的会是自己的儿子。好友说：“我自己也是老师，遇到的学生多了，我才发现，越是学习好的孩子，越是容易生出玻璃心，经常会为了一句批评、一次失利方寸大乱，甚至自暴自弃。”

意识到这一点后，好友便开始刻意培养儿子的“厚脸皮”：当儿子为成绩下降闷闷不乐时，好友不再批评、指责他，而是理解儿子的失误，和他一起分析问题；当儿子为自己的失误内疚不已时，好友主动和儿子分享自己“丢脸”的故事，告诉儿子“任何事情带来的影响，都比你想象的小”。

时间长了，儿子果真不再像过去那么敏感、要强。到了初三那年，当周围的孩子因为压力过大，成绩频频出现波动时，儿子却因为难得的好心态，始终稳定而持续地进步着。原本成绩中游的儿子，最终考上了本地一所数一数二的高中。

听了好友的故事，我才恍然大悟：其实，孩子的“厚脸皮”也不完全是一件坏事。日本作家渡边淳一曾在《钝感力》一书中这样写道：“面对芸芸众生各式各样的毛病，有些人耿耿于怀，有些人不太在乎，有些人视若无睹。在这方面人们的感觉各自不同，但有一点非常明确，就是只有对各种令人不快的毛病忽略不计，才能开朗、大度地生活下去。”

“厚脸皮”的男孩往往对他人的责骂和自己的失误不够敏感，但也正因为如此，他才能用一种“迟钝”的心态去看待身边所发生的事情，避免因为想太多而身心俱疲，从而以一种泰然自若的态度去面对生活中大大小小的挫折。所以，千万不要低估一个“厚脸皮”的男孩。很多时候，脸皮厚了，路才能越走越宽。

03

在网上看过这样一个问题："你见过哪些父母惊艳到你的教育方式？"

其中，有一位网友分享了自己和父亲的故事。从小到大，父亲总是跟他说这样一句话：这个世界不属于我们，也不属于你们，而是属于那些"脸皮厚"的人。父亲小时候家庭条件不好，高中毕业后没有选择读大学，而是外出打工，没有学历、没有资源，也没有背景，不知道吃了多少苦。

直到后来，父亲成了一名销售。由于工作的性质，销售经常被人拒之门外，就这样，很多脸皮薄的同事因为难以忍受闭门羹的滋味，纷纷放弃了。只有父亲"脸皮厚"，不怕拒绝，一遍遍打电话，甚至上门拜访。几年后，父亲成了单位的"销售王"，还攒下了人生的第一桶金。

在父亲的耳濡目染下，网友从不认为"脸皮厚"是一件坏事，反而觉得是一种不畏挫折的勇敢，以及能屈能伸的品格。正因为如此，高考失利后，一向成绩优异的他，没有理会旁人的风言风语，而是毅然决然地选择了复读。一年后，他如愿以偿地去了自己心仪的学校。

进入职场后，别的实习生因为名校光环，经常不好意思向老员工请教。但网友却毫不在意，即使被前辈当众斥责"只会死读书"，第二天依旧能厚着脸皮凑上去追问。最终，他在一众履历光鲜的实习生中脱颖而出。

面对自己的成功，网友最感激的，正是父亲关于“厚脸皮”的教育：只有放下面子，才能赢得里子，成就真正的体面。生活中，很多人难以摆脱困境，往往不是因为能力，而是因为太在意别人如何看待自己。

前太平洋建设集团总裁严介和曾一针见血地指出：“什么是脸面？我们干大事的从来不要脸，脸皮可以撕下来扔到地上，踹上几脚，扬长而去，不屑一顾。”生活中，每个人都渴望得到别人的认可和羡慕。但很多人却因为顾忌别人的目光和看法，想做的事没有做，不想做的事却被迫做了。作为父母，为了避免男孩重复这样的悲剧，我们能做的，就是教男孩硬着头皮做事，厚着脸皮做人。毕竟，只有当一个人生出了“厚脸皮”，他才能拥有一身坚硬的铠甲。

放下羁绊，主动争取，全心全意向着自己的目标前进，最终会得到自己想要的结果。

04

内心强大的男孩，往往不会在乎他人的评价，只专注于眼前的目标；而“玻璃心”的男孩，通常因为脸皮太薄，过分敏感。

我有一个朋友，小时候是典型的“别人家的孩子”，听话、聪明，成绩又好。高考后，他进入了一所顶尖的985名校。但一年后他却发现，在来自全国各地的尖子生面前，自己曾经的辉煌和成就都是那么不值一提。他曾经引以为傲的学习能力，也被现实泼了冷水：从小到大没掉出过年级前三的他，第一次在大学挂了科。为了维持自己“天才”“学霸”的面子，他干脆选择了逃避，不去上课，不做作业，也不去考试——试图用这种方式向别人证明，我不是学不好，只是我不愿意学。为了脸面，他挂科无数，最终被学校勒令退学。

一个原本有机会继续深造，甚至成为栋梁之材的好苗子，就因为爱面子，辜负了家人殷切的期待，更辜负了自己多年的辛苦，死守脸面的同时，也扼杀了人生更多的可能性。

作家亦舒有句经典的名言：“面子是一个人最难放下，又是最没用的东西。你越是在意它，它就会越沉重，越让你寸步难行。”现在，比起“厚脸皮”，更值得父母担忧的，反而是那些脸皮太薄的男孩，他们一味沉浸在“不好意思”“怕丢面子”的陷阱里，被别人的目光束缚了手脚，也把成长的机会拒之门外。

实际上，他们最需要的，恰恰是“厚脸皮”的勇气。我们要做的，就是教男孩换个角度看待事情，告诉男孩“人生还很长，一件小事真的不会改变什么”，帮助男孩赶走脑子里那些最坏的可能性。唯有这样，我们的男孩才能放下面子，赢回里子，最终成为一个坚强又专注的人。

【妈妈养育心法】

培养男孩的钝感力，让他拥有一张“厚脸皮”，我们可以这样做。

- 教授男孩积极面对失败的态度。告诉男孩失败也是成长的一部分，鼓励他在失败后重新站起来，并从中总结、积累经验。
- 多提供支持和安全感。父母的理解和鼓励可以帮助男孩更好地面对外界的压力。
- 提供多样化的经历。鼓励男孩平日里多参与不同的活动，获得不同的人生经历，从而帮助他学会适应各种环境和挑战。

父母太负责，可能养出“巨婴”

邻居家的儿子，刚上高中那会儿成绩还算不错，为了盯着孩子的学习，孩子妈妈辞掉了工作，每天都在家里照顾他的饮食起居。只要他释放出一丝想要放松的念头，妈妈就会不断在他耳边催促他、叮嘱他要好好学习。为了让儿子不要在学习上分心，妈妈每天都帮孩子做这做那，什么都给孩子准备好，就差没帮儿子洗澡、睡觉和考试了。

父母总对他说："你只负责好好学习就成，其他事不用你管，等你考上 ××大学就好。"

父母总是以为他好的名义，让他毫无反抗之力。到文理分科的时候，他倾向于文科，以后想要读汉语言文学专业。但是爸爸妈妈一直说以后理科生吃香，挣钱多。"我们在社会工作这么多年，听爸妈的总没错！"

渐渐地，儿子越来越叛逆，不仅不学习，还偷偷去网吧通宵打游戏，成绩一落千丈，最终连大学都没考上，至今仍在家里啃老。心理学家、哲学家弗洛姆说过："教育的对立面是操纵。它出于对孩子之潜能的生长缺乏信心，认为只有成年人去指导孩子该做哪些事，不该做哪些事，孩子才会获得正常的发展。然而这样的操纵是错误的。"

孩子在不断长大，我们要学会避免做出一些越界的行为，要分清哪些事情是属于孩子的事情，不要随意插手孩子的事儿。除此之外，我们还要鼓励孩子独立，给孩子选择的权利和空间，引导孩子为自己的选择负责。

这样，孩子才会在一次次地实践和承担后果中，学会如何选择，如何对自己的人生负责。

01

我曾看到过一则令人啼笑皆非的新闻。

电梯里，一名男子对指纹机十分感兴趣。他先是摆弄了几下，然后突然将指纹机从电梯上暴力拆卸下来。出了电梯后，他还不忘“销赃”——将指纹机从 26 楼抛了下去。这一切都被电梯监控记录得明明白白。而在男子完成这一整套动作的时候，他的旁边还有一个女人。这个女人看到他的不正常举动，轻轻拍了他几下，并没有上前阻止。

后来，物业发现指纹机被拆，逐一排查各个业主，最终惊讶地发现，原来拆掉机器的是一名 23 岁的男性业主，而旁边那个女士不是别人，正是他的妈妈。物业找到他们，要求赔偿。这位妈妈将儿子紧紧护在身后，先是百般抵赖，后来在证据面前，她知道无从改口，只能大声说：“他才 23 岁，他还是个孩子。”然后，二人拒绝赔偿。

新闻一经曝光便迅速发酵，成为热搜。有网友毫不留情地说：再过 10 年，这小子把你家拆了，你报警，警察叔叔说，没事啊，他还是个 33 岁的孩子。

父母爱子，希望为其遮风挡雨，披荆斩棘，让孩子的人生之路一片坦途。但所谓过犹不及，过于溺爱，没有界限，只能培养出一个“巨婴”。23 岁的人，理应已经经历了青春期的叛逆，少年阶段的轻狂，开始渐渐沉稳，敢于担当。然而，一直在父母金刚罩保护之下的孩子，以为凡事都有父母顶着，依然不懂感恩，漠视规则，举止失节，更无法自力更生，虽然已达到成年人的体格，却依旧是婴儿般的心智。他们，长成了一个又一个“巨婴”。

02

很多父母都认为，自己的溺爱出于一切为了孩子，殊不知他们其实是亲手害了自己的孩子。

我曾经看过这么一则新闻：一位妈妈含辛茹苦地把儿子养大。可是，儿子大学毕业后不停地抱怨工作太苦太累，几乎每份工作都是干不到一个月就辞职。多年来，儿子心安理得地在家啃老。面对妈妈的埋怨和指责，男孩理直气壮地说：“如果你不能养我一辈子，为什么从小娇惯我，溺爱我？”一句话，让妈妈哑口无言，也让无数父母幡然醒悟：

父母的包办、溺爱和娇惯，只会剥夺孩子独立成长的机会，摧毁孩子的责任感和独自面对风雨的勇气。

美国心理学家兰德·纽曼说：“有十分幸福童年的人，常有不幸的成年”。很多父母总以为替孩子扛下一切困难，扫清一切障碍，排除一切风险就是爱，孩子就会过得幸福。却偏偏忽略了，困难和挫折才是人生的常态。有研究发现，在童年时期被溺爱过的人，很难产生被爱的感觉。同时，他们更容易出现暴饮暴食、自暴自弃等心理问题。

孩子的成长父母可以参与，却无法代替。为人父母最大的悲哀，莫过于替孩子扛下了所有，将孩子变成了没有生存能力和美好品质的废柴。

03

爱子之心，父母皆有之。但明智的父母应该知道：世界上唯有父母与子女之间的爱终将面临分离。

我闺蜜的儿子安安生性好动，有一次他在玩回旋镖时受伤了。闺蜜没有马上冲过去安抚儿子，相反，她一直站在原地，鼓励孩子自己站起来，并在朋友圈发了这样一段话："我的男孩，以后的日子里一定还有很多困难等待着你，但妈妈相信，这并不会影响你勇往直前的脚步，我爱你。"溺爱，不是爱，最终不过是让孩子失去竞争的资本。

有些家长，在外人面前时，不允许别人占一点便宜；但对待孩子时，可以将压箱底的东西无条件奉献出来。他们妄图以这样的爱换得孩子成年后同样的对待，或是希望孩子因为有了自己的庇护而谋得更好的生活。但他们忘记了，所谓父母子女一场，本就是渐行渐远的过程。我们的男孩终将离开父母，长出自己的翅膀，独自飞翔。父母能做的，就是尽可能让他的翅膀长得结实、长得强壮。

你的孩子，终会离你而去，学会在人潮人海中独自打拼，学会在江湖商场里顽强立足，没有你的保护，他如何周全呢？当爱超过了界限，当付出超过了预期，这就不是爱，而是在剥夺孩子成长的权利。真正的爱是，当你转身时，我一直都在身后；但若你跨步向前，我也绝不会替你开路。父母可以陪伴，但是无法对孩子的人生负责。我们所能做的，就是在孩子身后，看着他的背影，默默祝福，然后静静放手，这就已经足够。

【妈妈养育心法】

妈妈与男孩再亲密，也不能代替他去过自己的人生。有远见的家长，都懂得在关键节点上，及时退出男孩的生活。

- 3 岁退出餐桌，让男孩学会自己吃饭。
- 5 岁退出卧室，让男孩独自入睡。
- 6 岁退出浴室，让男孩独立洗澡，明确身体的界限。
- 8 岁退出隐私空间，让男孩安心待在自己的小世界中。
- 12 岁退出厨房，让男孩学着洗菜、切菜、煮饭、洗碗等。
- 13 岁退出家务，培养男孩的自理能力。

宁可教子猛如狼，不可教子绵如羊

相较女孩，男孩有着独特的生理特点和成长模式。因为睾酮的缘故，他们往往更具有攻击性、渴望冒险，并且追求独立。在面对这样一个好斗、冲动、情绪化的小男孩时，我们该如何将他一步步培养成关心他人、积极乐观、勇于承担责任的男子汉呢？

其实答案就一句话：宁可教子猛如狼，不可教子绵如羊。

01

春节去乡下亲戚家里做客，我见到了许久未见的小侄子齐齐。齐齐今年上小学三年级，身材瘦弱、白净，戴着一副黑框眼镜，一直在角落里安静地看书。听说，这孩子还是个小学霸。附近的空地上有一群孩子在冰上蹋球，嬉闹声传得很远，齐齐眼睛不禁望着窗外，流露出向往与羡慕的神情。我看出了他的渴望，便主动提出带他去那边玩耍。可齐齐却摇摇头："我妈说在冰上玩太危险了，外面又冷，不让我去。"

在我的游说下，嫂子才勉强答应我带齐齐出去玩。一开始，他还不好意思加入大家，在我的鼓励下，他终于鼓起勇气加入玩耍的队伍。可是他束手束脚，跑得又慢，一不小心就摔倒在冰面上，惹得大家哈哈大笑。齐齐一瘸一拐地走到一边，任凭我怎么劝，都不想再加入了，只是站在一边默默地帮大家捡球。

回家后，嫂子看到浑身脏兮兮的齐齐，忍不住斥责了几句："我就说让你好好待着吧，野什么野！"齐齐深深地埋下头，默不作声。饭菜上桌后，齐齐还是默不吭声地吃着饭，眼里暗淡无光，就像一只绵软、受伤的小羊。

02

近年来，我发现身边不少男孩越来越"软"了。虽然他们看上去乖巧懂事，可是从身体，到心理，再到性格都越发显得"娇弱"。

这让我想起了电视剧《小敏家》里的男孩金家骏。他成绩优异、长相帅气，绝对算是个优秀懂事的好孩子。可或许是因为家庭的影响，比起同龄人来说，他总有些自卑内向：高考前夕，因为一次被骗的经历他大受打击，自暴自弃，想要放弃自己的未来；和同学交往总是小心翼翼，哪怕是自己的父母；明明喜欢上了陈佳佳，却迟迟不敢表白。他每天心事重重，整个人忧郁又脆弱，仿佛是“疼痛文学中的男主角”。

可我心目中的新时代少年不应该是这样的。他们应该是意气风发、阳光鲜活、浑身散发着自信与朝气的；他们应该是像清华大学宣传片的男主角陈逸贤那样，在演讲台上侃侃而谈，自信、从容、大方的；抑或是像《奇迹·笨小孩》中的景浩，如野草一般坚韧，浑身都是拼劲，从不轻言放弃。

我理想中的男孩应该像是一只只斗志昂扬、野性十足，在草原上肆意奔跑的小狼，而不是一只只被圈养的、柔软的、安静又无缚鸡之力的小羊。

03

网上曾流传着这样一句话：宁可教子猛如狼，不可教子绵如羊。我觉得这句话特别适合新时代的少年，尤其是家有男孩的家庭。我所理解的“猛如狼”，不是像狼一样凶猛好斗、杀伤力十足，而是学习狼身上所独有的气质：狼一样果敢的性情、狼一样矫健的体格、狼一样坚韧的意志……我想，我们都应该把男孩培养成这样的“狼”性少年。

1. 硬一点——锻造男孩强健的体魄

《我国青少年体质健康发展报告》显示：近年来学生发育水平不断提高，但是耐力、力量、速度等指标明显下降，肺功能持续降低，近视不良率居高不下，超重和肥胖率，以及慢性传染疾病低龄化问题严重。有的孩子甚至小小年纪就患上了腰间盘突出、脂肪肝……

这不禁让人担忧，一副副弱不禁风的身体如何撑得起祖国的未来？寒假期间，许多父母往往都把孩子关在家里，出门也要裹得里三层外三层，生怕着凉，更别说运动了。而我们隔壁的日本的家长和学校就显得格外“绝情”，许多幼儿园会在冬天对孩子们进行耐寒训练，比如，在寒冬中光着上身，举行“耐力跑大赛”。虽然这种“裸跑”方式有点残酷，但确实能提高孩子的耐寒能力，锻炼孩子的体质和意志力。

所以，让孩子走出去，去跑，去跳，去大汗淋漓地运动，去感受真正的挑战和疼痛吧。一副能经受住风吹雨打的坚实身躯，是男孩闯荡世界最好的资本。

2. 野一点——培养男孩勇敢、无畏的精神

由于睾酮的影响，男孩天生精力充沛、活力四射，尤其向往外面的世界，对一切充满好奇。我们要允许男孩释放天性，去冒险，去尝试各种新鲜事物。

在这里，我建议父亲要从小给男孩一些引导。因为男性的特征就是硬朗、热血、勇敢、充满激情，而父亲作为

家里最重要的男性角色，对男孩的影响无法替代。父亲可以多鼓励男孩在游乐园去征服那些庞大的玩具，带他去徒步、露营，去征服一座座高山，探索陌生的丛林和溪水。条件安全的情况下，父母应允许男孩去挑战像是滑雪、滑板、卡丁车等比较刺激的运动。

就像一些运动员，很小就开始训练，尽管一路走来危险重重、伤痕累累，但从未想过放弃，不断向着更高的目标发起挑战。这些年轻无畏、充满活力的运动员，才是我们新一代的偶像，他们散发出狼一般自信、冷静的风采。

3. 拼一点——激发男孩的竞争与拼搏意识

我见过不少男孩，在学校时浑浑噩噩、不思进取，进了社会，也是耽于享乐、止步不前、毫无斗志。

狼群从小生活在野生丛林中，它们为了生存，奔跑厮杀，更要面临种种自然界的挑战和威胁。社会对于男孩，就是一片未知的丛林。一个没有竞争意识、忧患意识，每天待在象牙塔里得过且过的男孩，将来又该如何突破重围，在社会上立足？

其实，男孩天生就争强好胜，竞争意识十足。我们可以从小唤醒他的竞争意识，鼓励他参加一些棋牌类游戏，还有竞技类比赛，诸如田径赛、足球赛等。

平日里，父母切忌经常批评、否定男孩，要多给男孩正确的鼓励、良好的示范。一个充满拼劲、锐意进取、勇往直前的男孩，才会像一匹强悍的草原苍狼，未来可期。

4. 刚一点——培养男孩果敢、有主见的性格

一个有人格魅力的男人是什么样的？我想，不外乎是自信、果敢、硬气、遇事沉稳、有主见的……

未来，我们的社会需要更多自信、果敢、满身硬气的战狼。想要培养这样的男孩，父母一定注意不要太强势。从小要允许男孩顶嘴，给他批评权威的权利，尊重他的内心想法，放手让他自己去选择，去承担后果。父母今天给男孩的空间有多大，他未来的人生舞台就有多大。

5. 韧一点——塑造男孩坚毅、不服输的品质

在狼的世界中，危险无处不在。狼的勇敢不仅表现在面对环境的考验上，更表现在对猎物志在必得的勇气，以及对失败的蔑视和百折不挠的精神上。

朋友 10 岁的儿子乐乐，是一个特别阳光、坚强的男孩。有一回，乐乐他们班的足球队和隔壁班比赛输了，班里的孩子们哭成一团。而乐乐却像个小太阳一样，主动站出来安慰大家，帮助大家平静下来。他不仅关心队友们的情绪，还积极总结失败的原因，并在接下来的比赛中带领团队取得了胜利，和朋友聊起育儿经验时，她的答案也很简单 :“可能是因为我一直都比较重视培养孩子的心理韧性，让他在面对挫折、打击、磨难时，能有一个相对积极的心态。”

为人父母，不要害怕男孩吃苦，更不要怕他受伤。一个男孩只有不断跌倒又爬起，才能锤炼出一颗无坚不摧的心

脏，直面风雨坎坷，在人生的舞台上不忘初心、不畏来途。

04

有一位教授曾问过一名钢厂工人："为什么炼钢时，铁疙瘩要被反复挤来挤去？少一次挤压会怎么样？"工人说："铁疙瘩每挤一次，杂质就出去一点，最后留下的才是纯钢、精钢，少挤压一次，出来的就是残次品。"

而培养一个优秀的男孩就像是炼钢，挫折、苦难、打压、受伤都是必经之路。只有磨炼其心志，野蛮其体魄，锻造其筋骨，才能使男孩成为一个顶天立地的男子汉。我们的男孩应该在温热的汗水中锤炼自己，穿越种种挑战和障碍，加深对人生的理解，从而变得坚不可摧、势不可当。希望我们的男孩都能成为即便脚踏荆棘，心中也能够开出朵朵鲜花的人。

【妈妈养育心法】

在男孩成长的过程中，妈妈一定要注意以下 5 个细节。

- 锻造男孩强健的体魄。养育男孩，一定要让他动起来，去户外奔跑，在球场驰骋，而不是窝在家里当一个只会考试的"书呆子"。
- 培养男孩勇敢无畏的精神。勇气是男孩身上非常重要的品质，不仅意味着男孩有进取精神，还代表着他有能力承受生活中的风浪。

- 激发男孩的竞争与拼搏意识。竞争和博弈能够激发男孩内心的能量，让他获得更大的力量，逐渐走向卓越。
- 培养男孩果敢、有主见的性格。作为男孩，一定要有敢于做自己的勇气，这样才能明白自己究竟想要什么。
- 塑造男孩坚毅、不服输的品质。不服输的背后，藏着的是大胆的创新意识、可贵的冒险精神和打不死的高逆商。男孩会在探索世界的过程中带给我们无数意想不到的惊喜。

面对男孩的自私，聪明的妈妈这样做

前两天我休假，便自告奋勇去接儿子放学。没想到，儿子看到我后，下一个动作居然是走到我跟前，示意我接过他的书包。我愣了一下，问他："自己的书包为什么让我背？"儿子却理所应当地说："平时奶奶接我回家，都是她帮我背啊！"我没有妥协，而是坚定地告诉他："那从今天起，我和奶奶都不会帮你背书包了，自己的事情自己做。”儿子不满地撇撇嘴，嘟囔着：“别的同学都是家长背啊……”

听到这话，我观察了一下四周，发现果真如此：放学后，90% 的家长见到孩子的第一反应，就是从孩子手里接过书包。而孩子，也都对此习以为常。

由于接孩子的有不少是爷爷奶奶辈，于是便出现了下面这一幕：正值青春年少的孩子们两手空空、大步流星地走在前方，年迈的老人却弓着腰、背着包在后面负重前行。这不禁让我想起了知名教育改革家曾任盘锦市教育局局长的魏书生在演讲中提到的两件小事。

第一件事发生在他自己身上。平日里，魏书生和儿子出门，如果只有一个包，一定是儿子抢着背；如果是两个包，儿子就一手挎一个。直到有一回，一共三个包，魏书生本以为这次儿子肯定背不了了，正打算自己动手。结果儿子却说“不用”，说话间，背起一个，左右手又各拎着一个。看着儿子的背影，在后面空着手的魏书生感到无比欣慰。他知道，儿子长大了，自己的教育也成功了。

第二件事是魏书生送儿子去上大学时所目睹的。他发现，校园里，不少家庭都是孩子趾高气昂地在前面空着手走，父母却“傻乎乎”地跟在后面扛行李。对此，他严肃地告诫家长：“你最悲惨的不是累着了自己，而是惯出了逆子这颗心。”

同样是孩子，为什么有的明明自己的肩膀还很瘦弱，却事事以父母为先，想着如何为父母分忧；可有的却从来不知道心疼父母，反而心安理得地接受父母的照顾和庇护呢？

有果必有因。如果你的男孩不懂得心疼你，或许正是因为从你接他放学时，为他背起书包的那一刻，你就做错了。

01

为什么有的男孩心里只有自己、一点也不知道心疼父母？就是因为当父母的，什么都舍不得孩子干，什么都替孩子做了。久而久之，孩子自然养成了衣来伸手、饭来张口的习惯，凡事只考虑自己，不自私才怪。

男孩 6 岁时，你帮他背书包、替他做值日，回家后，自己累得满头大汗，他却只关心晚上吃什么；男孩 18 岁时，你送他去上大学，帮他扛行李、给他收拾宿舍，他却抱怨你给他买的手机和电脑不如舍友的高级；男孩 30 岁时，你为了替他凑首付已经好几年没买过新衣服了，平时再口渴也舍不得买一瓶矿泉水，他却穿名牌、喝咖啡，张口闭口都是诗和远方……

实际上，每一个自私、冷漠的“白眼狼”背后，都藏着一对无微不至、舍不得孩子吃一点苦的父母。他们把过度照顾当成了对孩子的好，把事事代劳当成了对孩子的爱。可结果呢？不过是千辛万苦，将孩子养成了一个家庭中最凶狠可怕的“豺狼”。

02

回家后，孩子奶奶一听说以后书包都由儿子自己背，顿时心疼不已，劝我说：“一个书包而已，谁背不一样啊？”我不赞同地摇摇头，问她：“您还记得老刘家那个小孙子吗？”

此话一出，孩子奶奶便沉默了。老刘家有个小孙子，是全家人的心头肉，家里人对他呵护备至，从不让他干一点活。但凡出门在外，永远是孩子两手空空，一副优哉游哉的模样，身后跟着的大人则大包小包、狼狈不堪。直到后来，孩子的父亲在工地上摔断了腿，家里的经济状况一下子紧张了起来。可孩子不仅不想着帮家里分担，反而变本加厉地索取。大学毕业了，他也不出去找工作，整天就窝在家里打游戏，还经常使唤一瘸一拐的老父亲出去帮他买饭、拿快递。稍有不如意，他就对父母破口大骂，说他们“人穷还生孩子，害人一辈子”。

放任自流的父母，固然是不合格的。可有时候，无微不至的父母，对孩子而言又何尝不是另一种伤害呢？

我听过一位男性朋友的讲述。小时候，自己放学不想背书包，便把书包丢给疼爱自己的爷爷奶奶。一向温和的妈妈得知后，罕见地发了火，严肃地问他：“你要做家人还是要做客人？”朋友吓坏了，赶忙含着眼泪说：“要做家人。”妈妈便说：“家人就是要互相体谅、互相分担，而不是光你自己两手空空当个大爷，让别人跟在你屁股后面伺候你。”

当大人一次次接过孩子手里的东西时，其实也是在无形中剥夺了孩子承担责任的机会，让孩子变成一个毫无责任感的人。“父母之爱子，则为之计深远。”若是父母对孩子太好，爱得太无微不至，孩子只会被束住手脚，最终成为一个长不大的“巨婴”，既没有能力应对生活，也经不起挫折和风浪。

03

畅销书作家沙拉·伊马斯是一位在上海出生的犹太人。当她带 3 个孩子刚从上海搬到以色列时，曾一度以为爱孩子就是事无巨细地为孩子打理好一切。直到有一回，看到她手忙脚乱地做好饭，又给 3 个孩子依次盛饭时，邻居实在忍不住了，不满地训斥了孩子一番：“你们怎么能像客人一样看着妈妈忙活，也不伸把手帮帮妈妈？怎么能一动不动等着妈妈来伺候你们？”

接着，邻居又给了沙拉当头一棒：“父母能给孩子许多爱，却不能代替孩子长大。每个父母都疼爱自己的孩子，但这份爱是要有质量的。”这番毫不留情的批评点醒了沙拉。从此以后，她不再大包大揽，而是放手让孩子去做。就这样，3 个孩子变得独立、有担当的同时，也越来越懂得心疼母亲了。

作为父母，我们一定要知道，每个孩子都迫切地渴望长大，希望有朝一日能为父母分担。既然如此，我们又何必一定要抢过孩子手里的背包，剥夺他付出的机会呢？

有一张父子合照曾火遍全网。父亲是靠着人力搬运货物的"山城棒棒军"中的一员，时光荏苒，皱纹爬上了他的脸庞，而他的儿子则是一个坚强、阳光的少年。儿子从小名列前茅，还是班里的班长和历史课代表。学习之余，他还会经常和父亲一起扛货。

有一年春节，儿子在给父亲的信里这样写道："生活其实并没有那么困难，不需要你去那么拼命，我可以跟你们分担一切。爸爸，我非常感谢你用扛货扛来的钱养育了我 14 年，我现在很想对你说一句：爸爸，我爱你。"

其实，一个孩子真正的幸福感不是来自于接受，而是源自于付出。当父母试着放开手，给予孩子一个心疼父母、关心父母，为父母做事的机会时，他自然会在双向互动中找到幸福的密码，成为更好的自己。

04

就像作家毕淑敏说的："天下的父母，如果你爱孩子，一定让他从力所能及的时候，开始爱你和周围的人。这绝非成人的自私，而是为孩子一世着想的远见。”

给男孩最好的爱，不是替他承担一切，而是给他一个回馈父母的机会。

【妈妈养育心法】

一个男孩爱别人的能力，一定是在付出的时候建立的。想要男孩不自私，作为父母，我们不妨后退一步，给他创造付出的机会。

- “懒”一点。一个家就像一个圆盘，父母填得太满，男孩就会没有了奉献的空间；父母收回手，男孩才能伸出手。学会“偷懒”，男孩才有更进一步的机会，才能获得“爱”的能力。
- “弱”一点。作为妈妈，我们总是独自承担一切问题，结果这份“强大”却让男孩觉得我们不需要被照顾，不妨试着卸下“坚强”的盔甲，如实表达自己的需要，男孩自然会体恤你。
- 学会索取。让男孩从小承担家务，从中树立独立意识、责任意识，感受到父母的辛劳，从而具备“爱的能力”。

第3章

社交引导心法

有效社交，是男孩成长的必修课

关于人际交往，男孩应该知道的事

看某综艺节目时，有这样一幕让我印象深刻。一些小朋友穿上好看的衣服，化身为王子和公主，要去参加环保节。根据要求，他们首先需要自由组队。在这一环节，一个男孩想邀请某个女孩成为自己的搭档，可这个女孩却选择了另一个小朋友。不死心的男孩还想再争取一下，于是走到女孩面前满怀期待地说："让我跟你一组吧。"没想到，女孩却皱着眉头，毫不犹豫便拒绝了："我不行！"交友受挫的男孩顿时满脸沮丧，委屈极了。

看到这里，我突然想起儿子跟我讲过的他的一次经历。有一回，儿子想跟某个小朋友玩，但对方就是不理儿子。想到这里，我不由得感慨：在孩子的世界里，一段友谊的建立可以很简单，但同样也可能无比艰难。

由于大脑结构、激素水平和社会影响的差异，男孩在幼年时期或许确实不像女孩那样，拥有高情商并且擅长沟通与表达。因此，他更有可能面临人际交往方面的困扰：“别人都不跟我玩”“其他人都不想和我做好朋友”“同学们都不理我”……所以，作为妈妈，我们一定要趁早告诉儿子关于人际交往的3个真相。

01

还记得儿子刚上幼儿园那会儿，说起如何交到朋友时，奶奶曾建议他主动一点，把自己最好的玩具和零食都拿出来。当时，我就明确反对了这个建议。因为我知道，那些都是儿子的宝贝，平日里，他从来都舍不得跟别人分享。既然是那么珍爱的东西，那他就应该自己好好留着。

面对社交问题时，我们首先要向男孩传达一种态度：这世上没有任何事情值得他委屈和勉强自己，就算是为了交朋友，也不行。

上个周末我们单位聚餐，一位同事的儿子也来了。因为年龄最小，其他小朋友玩耍时都不带他。失落的男孩跑去向妈妈求助，于是同事提议，把当天新买的遥控玩具车拿出来，叫哥哥姐姐们一起来玩。看得出来，男孩内心是纠结的，因为他犹豫了很久。最后，经不住妈妈的再三要求，他终于答应了。可是，那群大孩子发现玩具车之后，立即兴奋地围在一块研究，却把男孩冷落在一边，完全无视他。最终，倍感委屈的男孩忍不住嚎啕大哭。当时，我特别心疼他。为了交朋友，他忍痛贡献了自己心爱的玩具。但这份刻意讨好非但没有起到效果，反而让自己受到了伤害。

一位主持人曾说：“如果讨人喜欢，却失去了自己，那是最糟糕的状况。”因此，我们一定要让男孩记住，讨好和迎合，永远是最差劲的交友方式。而他也会在这个过程中失掉自己独立的个性和价值。我们要告诉男孩，交朋友的确需要付出，但没有必要违背自己的意愿、牺牲掉自己的利益，去刻意迎合对方。毕竟，友谊应该始于平等的联结，不对等的关系迟早会崩塌。

02

我曾带儿子读过一本绘本 *Niko Draws a Feeling*，故事里小男孩 Niko 喜欢画画，尤其喜欢把看到的事物用抽象的方式画出来：冰激凌车的铃铛、脸上温暖的阳光、努力筑巢的知更鸟……可是，没有人能理解他。大家总是否定他画的东西，还一遍遍地纠正他的想法。这令 Niko 无比沮丧，直到他遇见了新邻居 Iris。这个女孩能够看懂他的画，并且真正欣赏他、鼓励他。Niko 终于找到了一个志同道合的朋友。

记得当时读完这本书，我就跟儿子说了一句话：“Niko 是幸福的，因为他交的朋友是真正懂他的人。”可能当时儿子还无法完全理解，但我还是对他强调说，交朋友的前提就是做好自己。心理学家阿德勒说："在人际关系上，别人如何评价你，那是别人的课题，你根本无法左右。"我们要让男孩明白，在这个世界上，他不可能讨所有人喜欢，也不可能跟所有人都成为朋友。

在这种潜移默化的引导下，我希望儿子能够做到，如果有一天当他看到其他小朋友三五成群却唯独他被孤立时，他可能会感觉沮丧、难过……但他不会认为这是因为自己不好而妄自菲薄。因为他认定，做真实而自信的自己，总会吸引到真正欣赏他的朋友。

一个人交朋友，交的一定是对方的真心、真性情和真品质；而那些能够长久的友谊，也一定是彼此都欣赏着对方最为本真的模样。所以，我们要让男孩记住："我首先是我自己，然后才是你的朋友；最终我们彼此成全，都变得更好。"而这，才是一段友谊最理想的模样。

03

记得有一回，儿子和从小一起长大的表姐一起玩，他想玩表姐的玩具恐龙，却被大吼"不许碰"。当时，儿子拉着我，气鼓鼓地让我去说服表姐。我却笑着拒绝了他，让两个孩子自己解决。当时儿子特别生气，认为我不帮他。但作为家长，我觉得很多时候要学会放手，不能事事都替孩子做，尤其在交友这件事上，男孩最终只能靠自己。

我曾在知乎上看过一个帖子。一位网友两岁的儿子想坐摇摇车，却遭到了两个小男孩的拒绝，还被他们用手指着说：“不跟你玩！”对此，网友特别生气，冲着那两个孩子就是一顿批评：“不许指，你们这样是没礼貌的！”网友一边说，一边还狠狠瞪了他们几眼。这位网友把她的经历发布在网上之后，收到了很多网友的负面评论。大家都认为她有点反应过度了。的确，表面上看，她的反击保护了儿子，但实际上对男孩的成长一点好处也没有。

事实上，当男孩交友受挫时，家长出手帮忙，无论怎么做都不会妥当：如果我们替孩子批评了对方小朋友，那么这种强势的姿态等于是向男孩示范了粗暴且具有攻击性的解决方式，这样会给予男孩错误的示范；如果我们要求对方小朋友跟自己儿子一起玩，那么等于是贸然插手了孩子们的社交，会让儿子永远都无法长大。

小朋友的世界比大人可单纯多了，他们可能前一秒还互相看不顺眼，下一秒便又亲密无间。他们之间许多看似不友好的行为，背后并没有真正的恶意。如果我们总是以成人的标准来衡量孩子的社交，并在出现冲突时立刻介入，这样做不仅会带来无谓的烦恼，还可能剥夺了孩子从冲突中学习和成长的机会。因此，我们要告诉自己的孩子：“妈妈不会干涉你的社交，替你去交朋友。人际交往的酸甜苦辣，只有你自己去品尝，去全然经历和体验这一切，才会发展出真正健全的心智，并形成真正为自己所用的社交风格。”

04

在这里，妈妈们还可以把以下这几条交友建议分享给家里的男孩。

1. 不要吝啬自己的友好

一次聊天时，表姐提到了儿子遭到其他小朋友排挤的经历。表姐当时听儿子倾诉完之后，搂着儿子，温柔地说道：“我觉得你的感受是真实的，妈妈也接纳你的感受。妈妈还要教你一样东西，就是你笑容多一点，主动一点，他们肯定会被你吸引的。”

我特别认同这个观点。一个友好又爱笑的小朋友，会更容易接到对方抛出的友谊橄榄枝。所以，当儿子在抱怨别人不跟他一起玩时，我们可以引导他反思自己的行为：是不是自己也做得不够呢？比如态度傲慢、表情冷漠、沉默寡言……很多时候，博得对方的好感的关键很简单，不过就是真诚的微笑、温暖的问候和亲和的态度罢了。

2. 巧妙融入团体

美国心理学家迈克尔•汤普森曾说过：“如果孩子直接走到其他孩子身旁，询问‘我能一起玩吗’，相当于明确地给了对方一个拒绝的机会。”所以，我们可以告诉男孩，想融入集体中，有时也需要一点小策略。

记得有一次在游乐园，儿子堆沙堡时很想跟旁边一个陌生的小朋友一起玩，可他犹豫再三，始终不敢开口。我当时在儿子旁边，不动声色地递给他一把铲子：“你看他那边沙不多了，你去匀一点给他。”儿子兴冲冲地挖了很多沙给那个小朋友，而对方显然也非常开心。就这样，他们俩彼此熟络起来，后来玩得非常开心。

瞧，小朋友之间的友谊，无须严肃刻意，也不必一本正经。所以，我们不必太过着急，不妨循着让男孩最舒服的节奏，用巧妙的方式自然而然地帮助他融入集体。

3. 提高自己的社交技能

我喜欢用玩游戏的方式来模拟社交，从而引导儿子学会交朋友。一次次的角色扮演和情境模拟，考验了儿子在面对各种社交状况时的反应，让他能在现实生活中，遇到类似情况时保持笃定冷静，还能游刃有余地处理。

05

在人际交往的过程中，无论是结交了新朋友还是未能成为朋友，这些都是成长中的常态。关键在于，通过这些经历，男孩能够逐步提高情商，学会与人沟通的技巧，锻炼出坚韧不拔的内心，并从中领悟到对自己一生有益的宝贵经验和智慧。人际交往是一生的必修课，男孩需要亲自去探索和解决。而我们作为家长，要做的就是在他身边给予支持和陪伴，帮助他交出令人满意的人生答卷。

【妈妈养育心法】

我们生活在社会里，就永远离不开社交，男孩也是如此。想要提升男孩的社交力，妈妈一定要重视以下几点。

- 主动为男孩创造社交的机会。多为男孩提供一些与同龄人互动的机会，比如，参加兴趣小组、体育活动，或是社区活动，让他在实践中学习社交技巧。
- 教授男孩基本的社交礼仪。平日里，以身作则，并告诉男孩一些基本的礼貌和行为准则，比如，把"请""谢谢""对不起"等挂在嘴边，如何礼貌地打断别人和表达自己的需求等。
- 进行角色扮演。在家里，父母可以通过角色扮演游戏的方式，帮助男孩模拟不同的社交场景，比如，初次见面、解决冲突，以及合作游戏等，从而提高他的社交能力。

内向男孩：腼腆不是缺点，而是被低估的优势

我在一个帖子“性格内向的人到底有多难”下，看到了许多男孩妈妈的身影。一位妈妈哭诉：“我担心的就是儿子太内向，怕他被人欺负，怕他想太多……”

其实这样的父母并不少：有看着儿子孤独、不合群而默默心疼的，有担心儿子出门不受待见而发愁的，甚至有的妈妈直接说“儿子太老实，没有用”。

为什么养儿子的父母会更容易因为他性格内向而焦虑呢？知乎网友的一段话一语中的：“内向的女孩会被形容为文静乖巧，而内向的男孩却常常被视为‘孤僻’的‘怪人’。”毕竟，我们都知道，男孩身上区别于女孩的标签往往是“活泼好动”“喜欢冒险”“追求刺激”……所以，当父母们发现自己的儿子和大众认为的“有点不一样”：沉默寡言，胆小不合群……便难免会产生焦虑感，忍不住怀疑。

可实际上，男孩性格内向，是非常正常的现象。畅销

书《内向性格的竞争力》中有一项调查指出，不论性别，全球有三分之一乃至一半的人都是偏内向的。为此，作者苏珊·凯恩如此解释：“生活中，外向者往往被人们看作学习的榜样，可内向者也可以很棒。”

不是所有的鱼，都生活在同一片海洋，内向男孩自有自己的世界。只不过，父母往往只看到了他寡言少语、形单影只的一面，却忽略了他藏在这背后的优点。

01

作家高滨正伸说：“男孩有‘没有常性’的一面，他们会哭着喊着要看某个东西，看了一会却说不想看了。”而内向型的男孩却不完全相同，他有一种得天独厚的特质，那就是专注。

正如心理学家荣格所认为的那样：外向型性格的人，热衷关注外部世界的人和事；而内向型性格的人，倾向关注自己的内心世界。因此，后者虽然不喜欢说话，但是更善于深度思考，大脑活跃，不会轻易被外界所打扰。

曾在网上看到一个故事。有一个男孩，喜欢看书，一看就是几小时；喜欢一个人待在地下车库捣鼓小东西，一待就是一整天。有好几次，到了饭点，妈妈叫他吃饭，他都充耳未闻。时间一长，妈妈害怕极了。儿子才 7 岁，每天自己闷着独处，不社交，不出门，怕不是有什么心理疾病？于是乎，妈妈忙不迭就带着他去看了心理医生。可医生却说："最好不要去干涉他。"

后来，妈妈才知道，男孩每天一个人待在房间里，都在思考自己感兴趣的科学技术。而这个内向的小男孩就是后来的世界著名企业家——比尔·盖茨。

记得教育心理学专家李玫瑾说过一句话："凡是注意力稳定的孩子，大多数都属于内向的。"因为性激素的刺激，一般的男孩大多都喜欢打闹玩耍，常常一整天下来，大量的精力花费在对外的社交之中，自然没有太多的精力投入在自我反省与探究之中。而那些内向的男孩们却不同，他们正是由于不喜欢对外自我消耗，才有了足够的能量去探索思考。

话少不等于蠢笨，内向不等于木讷。那个能够独立思考、不为外物所扰的男孩，并不比其他人差。教育男孩的过程中，鱼和熊掌不可兼得。如果儿子不能成为八面玲珑的"小小外交官"，那做一位踏实严谨的"实干家"也不错！

02

"我家儿子太胆小了，都没什么朋友。"

"怕我儿子不合群，怎么办呢？"

"你说这么内向的性格，以后怎么在社会上混？"

生活中，家有内向男孩的父母，都面临一个共同的问题，那就是怕孩子在学校和社会被孤立。毕竟，好男儿走四方。很多父母认为，如果男孩的社会性发展不太够，长大是要吃大亏的。然而，事实是这样吗？《男孩的养育书》中提到，对男孩不能过度论断，否则会阻止男孩建构自我。

内向不等于害羞，不合群不等于不会社交。科学数据显示，世界上70%以上的成功者，其实都是性格内向的人。沃顿商学院的亚当·格兰特教授做过一项心理学实验，发现一个惊人的事实：内向的人在职场上越来越受欢迎，也更能胜任领导职位。他们善于细致地感受，懂得洞察人心，在管理不同类型的人才时，更加游刃有余。因为相比于外向者，内向者的多巴胺阈值低，对社会刺激的敏感度高。相反，外向的领导者，由于能量外放，多巴胺阈值高，处事时反而容易过度反应，抑或比较主观，有失偏颇。

苹果公司的创始人之一乔布斯，就是性格内向之人。读书时代，他没有任何朋友，头发留得很长，同学聚会时经常默默地躲在角落，不敢发言，也不敢引起别人的关注。乔布斯的同学都认为，他是个心理脆弱且孤僻的人。步入职场以后，乔布斯的性格都没有太大改变。可出乎大家意料的却是，这丝毫不影响他成为一名领导力极佳、知人善用的企业家。2010年，乔布斯甚至还被评为“全球最佳CEO（首席执行官）”。比尔·盖茨称赞他“是天才型的领导，极富个人魅力，懂得激发手下的潜力”。他一生面试过

5000 人，交谈中，只需要几个简单的问题，他便能挖掘出一个人的基本面。苹果公司的现任 CEO 库克、首席设计师乔纳森 · 艾夫，都是他慧眼识珠一手发现提拔的。

羊群才会结伴，野兽都是独行。那些看似不合群的内向男孩，不习惯随大流，有自己的判断，有自己的洞见，如此亦能有另一方天地。

03

我上学的时候认识一个男孩，他总是独来独往。当时我问他会不会感到孤独，他却告诉我："我是个特别慢热的人，我最好的朋友就是我自己。"原来，从小他就是一个内向男孩。上学时，他是班里最小的，常因性格原因自己坐在角落。可后来他逐渐发现，这并不妨碍自己在生活中感受幸福。

心理学家汉斯表示，内向型性格的孩子喜欢保持警觉，面对陌生环境，他们会不自觉地排斥，适应能力较差。但优点却是，他们更倾向于探索内心世界，尊重自己的感受，并能从中找到乐趣。

在很多人眼里，内向似乎等同于"自卑、压抑、不快乐"。但很多时候，比起一般的男孩，内向男孩心思更细腻，更容易感知到幸福。一段喜欢的音乐、一幅美丽的风景画、一句暖人的话……乃至于只是简简单单一个人待着，他的内心也能生出淡淡的喜悦感。所以，父母们，养儿子不是只有一个模板，男孩也可以是安安静静的样子。内向的男孩，也能拥有一颗太阳般暖暖的心。

04

某企业家曾说："外向的人也许会左右这个世界，但是内向的人才会创造世界。"内向不是缺陷，而是被低估的优势。这些腼腆的男孩，不仅专注力强，洞察力佳，领悟力好，也可以成为知进退、懂社交、会坚持的领导者。作为父母，我们应该学会和儿子的性格"友好相处"。

也许一开始，他并没有处理得尽善尽美：和朋友交流时看上去会有点笨拙迟缓，在公众场合会有点露怯，喜欢一个人待在房间里看书……但不管怎样，我们都不要急着纠正他，而是要不断告诉自己："让他慢慢来吧，相信他搞得定！"

【妈妈养育心法】

心理学家马蒂·奥尔森·莱尼在《内向者优势》一书中就明确提出："内向和外向是两种不同的气质，并无好坏之分。"由此可见，内向是一种特点，而非缺点。家有内向的男孩，我们可以这样做。

- 把男孩的内向当成特点，而非缺点。在传统观念里，男孩是有很多禁忌的：不能哭，不能软弱，不能喜欢粉红色，不能内向。一旦男孩性格文静，父母总是习惯给孩子贴上“内向”“没出息”的标签。而聪明的父母，会把男孩的内向当成特点，而非缺点。

- 尊重男孩的独处需求。男孩内向不是病，父母一味逼迫他外向，成为世俗认可的样子才是病。父母懂得尊重男孩的独处需求，才是男孩最大的福气。
- 帮助男孩找到真正的热爱。美国一项历时 30 多年、针对社会精英的研究发现：内向型的人在创作、艺术、科研等领域有着外向者无法比拟的天赋。所以，当家有“宅男”，父母可以多把他往艺术、科研方面引领，或许就会找到他独有的天赋。

做好这 7 件小事，培养温暖独立的小绅士

一次去朋友家，发现她把儿子教得特别好。

小男孩今年 10 岁，聪明机敏，性格也开朗活泼。见到

家里来客人他立马走过来打招呼，还积极主动帮妈妈打下手，不停询问有什么需要帮忙的。几个来做客的小朋友，也都喜欢黏着他，闹哄哄跟过去看他房间有什么好玩的东西。看到眼前这样一个人缘好，又懂得跟大家打交道的“孩子王”，我忍不住询问朋友平时是怎么教的，结果发现，朋友果真“教子有方”：培养出一个小绅士的秘诀，就藏在这 7 件小事里。

01

某综艺节目中有这样一幕。男孩强强正全神贯注玩着手里的警车，这时姐姐凑过来，直接抢走了他的玩具。突如其来的举动，很快引爆了强强的情绪，他被气得满地打滚，哭闹不休，可身边的大人们都劝他：“够啦，别哭啦！”这看似温和的劝导，并未能让强强安静下来，反倒让他更加崩溃。

相信太多男孩家庭经历过类似的事情。看到孩子哭，父母第一反应就是：“不许哭，给我憋回去！”“你是男孩子，坚强点，不哭才是好孩子。”“别哭啦，妈妈给你别的。”

父母阻止孩子哭，似乎是在教他坚强，但实际上，却忽略了他真正的情感需求，堵住了他宣泄情绪的出口。长此以往，不仅不会让男孩变得更好，反倒有可能让他变得更糟。所以，允许男孩哭，是在让他学会正确的情绪表达。

唯有这样，那些有机会被宣泄掉的负面情绪，才不会积攒起来，以更失控的方式波及别人。而一个情绪被接纳的男孩，往往也更懂得理解和体谅他人。

02

什么样的男孩最讨人厌，不受欢迎？答案显而易见：熊孩子。

邻居家一个七八岁的男孩，性子急，说话也很冲，更过分的是目中无人。每次一起坐电梯，就他不安分，到处钻来钻去，乱按电梯，还喜欢随便摸别人的手机。被拒绝的话，他立马不开心，嘴里骂骂咧咧的。邻居向他妈妈反映，希望她管管儿子，这样影响不好。他妈妈却不以为然，觉得儿子还小，大人不应该和孩子计较。结果整栋楼没人愿意和男孩玩，就连同班同学见到他都赶紧躲。有时候看他在小区楼下孤零零一人，说话满是戾气，真担心他未来也是这样的光景。

的确，男孩头脑简单、动作快，容易随心所欲，不顾场合，想做什么就做什么。越是这样，父母越要提醒他："你这么做，会让别人感觉不舒服。"千万不要以"孩子还小"为借口纵容或忽略他言行上的不妥当。有些话你不说，永远也没人告诉他。一个有分寸感、懂得尊重他人的男孩，才能收获他人的好感。

03

大部分的男孩家庭，并不经常让男孩干家务，毕竟在传统认知中，那是女性的事，男孩可做可不做。但高层次的父母，更注重培养男孩的责任感和平等意识。让男孩亲自下厨体验做饭，他才知道父母付出的不易；让他扔垃圾、叠衣服、摆碗筷，做些力所能及的事情，他才会慢慢觉得自己有能力独当一面。

男孩的责任感，一定是从日常锻炼里习得的。鼓励他主动做家务，就是告诉他：家务从来不是按照性别来划分的。身为家里的一分子，无论是谁，都有责任努力把家庭维护得更好。这样男孩长大后才懂得对自己负责，为别人考虑，活出真正的绅士气质。

04

电影《卡特教练》里，卡特教练对队员们有一个要求：比赛当天要穿西装打领带。这一要求引来了许多家长和队员的不满。他们实在无法理解，打个球而已，为何要如此注重仪容仪表？男孩在日常生活中，谁不是想穿什么就穿什么，想怎么打扮就怎么打扮，哪有那么多讲究？

可卡特教练坚称，只有外表得体大方，把自己当作大人来看，才能赢得别人的尊重。这也是给男孩家庭的提醒。

没有一个家长会乐意自己的孩子和邋里邋遢、不修边幅的孩子做朋友。虽说看人不能看外表，但讲不讲究卫生，有没有良好的仪容仪表，反映的是个人素质和教养。

三分长相，七分打扮。引导男孩注重仪表，实则是在教导他秩序感。在家给男孩提一些简单的要求，比如勤洗手、洗澡，经常修剪指甲和毛发，及时更换脏衣服，定期整理房间；出门在外，告诉孩子要保持身姿挺拔，保证衣服干净整洁。彬彬有礼、有风度、有教养的小绅士，人人喜欢。

05

李玫瑾教授曾在多场讲座中表示："小嘴巴巴、聪明伶俐的孩子，可能学习一般，但很会交朋友，更受欢迎，到哪儿都有人帮他，长大后还是当领导的料。"

想起我有次去朋友家，刚一进门对方的儿子就主动跑出来打招呼。吃饭时，这孩子一会儿跟我们讲他今天遇到的各种趣事，一会儿分享他的奇思妙想，餐桌氛围好极了。不仅如此，他还特别懂得照顾别人，会主动说："阿姨，你的水快没了，请让我再给你倒一点吧！""阿姨，需不需要再添点米饭？"总之，一顿饭下来，我着实是被朋友儿子的能说会道折服了，心里也暖暖的。

会说话的孩子，开口的那一刻就赢了。作为父母，千万不要忽略语言的力量，要教男孩嘴巴“甜”一点，常把“请”和“谢谢”挂在嘴边，好好说话。这不仅是在培养他懂礼貌和有教养，更重要是，这有助于他建立良好的社交关系，成就他一生的幸福。

06

你遇到过这样的场景吗？孩子受到挫折，或想要的东西得不到，就情绪失控：要么跟父母急，大吵大闹；要么过分沉浸在负面情绪中，谁都劝阻不了。

节目《最强大脑》上演过这样一幕。一位天才少年误以为自己输掉了比赛，一时情绪难以自控，在镜头面前崩溃大哭，即便爸爸特地走到他身边安慰也无济于事。直到得知自己没有输，他才一扫阴霾，破涕为笑。反观他的竞争对手，同样的年纪，不管输赢，都没有任何失控的情绪表达，自始至终特别平和，还不忘默默安慰男孩。

从身边人的评价不难看出，这两个男孩谁能扛事儿，高下立判。遇到一点小挫折、小失败就情绪爆发的男孩，输不起，抗挫能力差；就算他天分再好，能力再强，别人也不敢轻易接近他或信任他。相反，一个面对打击能迅速调整负面情绪、修复心态的男孩，沉稳、淡定，更易受身边人的欢迎。

07

科学研究表明，爱运动的男孩更健康、更自信、更有活力。和不爱运动的男孩相比，他们的脑容量大30%左右，更能自我控制，有明确的规则意识。当他们活跃在运动场上挥洒汗水时，不仅能释放掉负能量，还能在和他人的互动中习得如何融入群体、沟通协作。

父母的陪伴和带动，更是一种示范。要让男孩学会以更成熟的方式保持对生活的热情，掌握待人接物的技巧。

所以，既然男孩有用不完的精力，不妨陪他打一打球、跑一跑步、游一下泳。

男孩生性好动，若能在父母的引导下认真对待运动，用健康的方式面对生活，长大后也一定能感染别人，不断传递正能量。

【妈妈养育心法】

想让男孩被认可、受欢迎，归根到底，就是要让他保持温暖的内心和快乐的天性。所以，在给男孩充沛的物质条件之余，妈妈还应该不断塑造他的品质，引导他和世界良好相处。平日里，妈妈可以多做这几件事。

- 允许男孩哭，教男孩如何正确释放情绪。
- 让男孩懂得分寸感，从言行上尊重别人。
- 让男孩做家务，培养他关爱家人的责任感。

- 引导男孩注重仪态，树立良好的自我形象。
- 锻炼男孩嘴巴“甜”一点，引导他与人为善。
- 狠心让男孩体验挫折，建立强大的逆商。
- 陪男孩一起运动，塑造他自信、乐观的心态。

与谁为伍，决定了男孩的未来

一天，儿子回家后，和我感叹说：“妈妈，相比小城，我还是喜欢和小宇一起写作业。”

最近学校组织了学习小组，儿子每天都会和同学一起组队学习。小城活泼爱玩，他们的学习小组常常秒变“玩乐小队”，经常是已经回家好几小时，作业却没动几个字。小宇就不一样了，作为班上的“学霸”，他的效率让儿子望尘莫及。为了跟上他的进度，儿子也不得不全神贯注地投入学习。儿子说：“我从没想过有一天我能在学校就把作业写完了！晚上回家还有大把的时间做别的事，真的太爽了！”

我也慨叹，优秀的伙伴给男孩带来的影响，真的太大了！

我想起中南大学曾经大火的“学霸”寝室：自动化学院2018级某寝室的4个男生，4年间狂揽26项学科竞赛奖，其中国际性竞赛奖2项、国家级3项、省级5项，所获奖学金累计将近20万元。如今，这4个男生更是全部直博本校，实现了他们大一时的约定。

其实最初，他们寝室只有一名同学决定直博本校。但其他3人在这名同学的影响下，也将直博作为了自己的目标，他们相互扶持努力，共同进步。学习上，他们是彼此的监督者：“我们白天各自学习，晚上会一起讨论，每周也会空出固定的时间相互答疑。”生活上，他们是彼此的精神支柱：“每次遇到什么糟糕的事情，拿到寝室里说一说，就感觉不是那么糟糕了。”对他们来说，寝室内部团结得就像一个铁桶。什么挑战都无法让他们挂怀，室友之间的宽慰，有时候会让烦恼烟消云散。

一个人能走多远，要看他与谁同行；一个人能有多优秀，要看他有谁指点；一个人能有多成功，要看他有谁相伴。有网友说：“果然，优秀的人都是扎堆的。”不是“学霸”会传染，而是“近朱者赤，近墨者黑”。绝大多数“学霸”，并不是有多高的天赋，而是当他们身处一个充满正能量的圈子里时，就一定会受到正向的影响，从而被激发起斗志。

01

我老家的县城里，只有两所高中，一中是重点，二中则校风差很多。

非常戏剧性的是，我中考那年，我的两个朋友仅仅以一分之差，一个擦边进了一中，一个含泪去了二中。但是谁曾想，这之后原本相差无几的两人，差距却越来越大。去了一中的朋友，虽然学得有些吃力，可在环境的影响下，他一直勤奋努力。而去了二中的朋友，却发现在这里，作业能抄则抄，考试透题作弊，反正老师不管，好好学习的学生还容易被孤立。第一次全县统考，一中的朋友班级垫底，可还是超了二中的朋友 100 多分。

人都是环境的产物，好的环境会成就你，坏的环境则会拖垮你。当周围人都在读书时，即便是自身懒散的人，也会被环境感染，被带动着上进；当周围人都在玩乐时，即便是个爱学习的人，也会不由自主地想出去玩。

之前曾有人拍过这样几张照片：上课前的北京大学，距离上课还有 20 分钟，教室里已经坐满了学生：下课后的清华大学，没有几个同学离开，几乎都围在讲台周围，和老师讨论问题：夜晚的华中师范大学食堂，挤了满座的学生，却没几个在吃饭，几乎都在学习：有的捧着书本埋头苦读、有的敲击键盘整理课题、还有的围成一桌进行学术交流……

好的环境，时刻托你上进；差的环境，带你坠入谷底。当你处在积极向上的环境中时，也会自发地开始努力。身边人的影响，要比书本上的知识来得更加彻底。就像网上特别流行的那句话：“与凤凰同飞的，必是俊鸟；与虎狼同行的，必是猛兽。被宝包围着，就是聚宝盆；被草包围着，只能是草包。”

02

心理学家皮亚杰曾说：“儿童的童年时代有两个世界，一是父母和儿童相互作用的世界，一是同伴的世界。同伴群体对儿童的发展，起着与父母同样重要甚至更重要的作用。”在心理学上，有个词叫“同伴压力”，它是指因为孩子害怕被同伴排挤，为了得到同伴的接纳而放弃自我感受，做出顺应他人的选择。

我的教师朋友曾和我说过：“如果发现班上有一个孩子会抽烟，那他的朋友们极有可能也在抽烟。”之前就有一次，她在校园的角落，抓到了一群孩子抽烟。令人震惊的是，其中有个孩子，还是在班上成绩优异、表现突出的班长。事后问其原因，班长低下了头：“因为我的朋友们都在抽烟，我不抽，就是不够义气。”对于孩子来说，最大的压力不是来自于父母，不是来自于老师，而是来自于同龄人。当没有人约束、没有人提醒的时候，内心秩序还未建立完全的孩子们，就会把大多数同龄人的做法当作准则。

某电视台曾经做过一组实验：首先，老师认真告诫被实验的孩子不能爬树，孩子明确答应后，老师离开，观察之后孩子在同伴的影响下，能否坚持做到老师的要求。结果，几个参与实验的孩子，在同伴的影响下，当第一个孩子去爬树时，很快就有第二个孩子紧跟其后，最后所有人都将老师的告诫忘在脑后，纷纷去爬树。

所以，我们要告诉男孩：不要低估朋友对你的影响，也不要高估自己的忍耐力。如果一段友谊让你痛苦，让你妥协，让你做违背内心的事情时，就要将它结束。离开这个充满泥沼的环境，你才能够继续前行，奔向更好的未来。

03

商业哲学家吉姆·罗恩提出了著名的“密友五次元理论”：“一个人的财富和智慧，基本上就是5个与之亲密交往的朋友的平均值。”

鱼找鱼，虾找虾，云从龙，风从虎，万物各从其类，物以类聚，人以群分。和优秀的人在一起，你能拥有开阔的视野，积极的心态，共同努力的氛围，遇见一个更好的自己。和差劲的人在一起，你会被妥协拖累，被容忍烦心，被欲望包围，最终堕入无底的深渊。

所以，我们要让男孩明白：你是谁，就会遇见谁；你和谁在一起，真的很重要，想要驾驭好你的人生，就要踏踏实实地提高自己的段位。如此，你才有机会和优秀的人结伴，向更好的人生飞驰。当你走进一团光芒，待久了，你便再也不想重回黑暗。

【妈妈养育心法】

儿子结交朋友时，请学会做一个“势利”的妈妈，从小告诉他“三远三近”。

- 远离品行差、有坏习惯的朋友，亲近品行好、习惯好的朋友。一个人跟着苍蝇走，只能到达肮脏的沟渠；与雄鹰同飞，才能翱翔长空。只有鼓励男孩跟品行好、习惯好的人交朋友，他才不会沾染恶习，才能成为一个更好的人。
- 远离消极、懒惰、爱抱怨的朋友，亲近积极向上、正能量的朋友。我们的男孩和积极乐观、充满正能量的孩子交朋友，看到的和感受到的也一定是快乐的、积极的、充满力量的；和消极、懒惰、充满负能量的孩子交朋友，看到的和感受到的也会是黑色的、无趣的、让人丧失斗志的。
- 远离拉你后腿的朋友，亲近与你同频共振的朋友。远离那些不断消耗自己，一味向自己索取，影响自己进步的朋友，他们不是你人生中的益友，而是你前进路上的绊脚石。只有早点远离，果断舍弃，你才能进步。

别让愤怒毁了孩子：理智对待男孩间的冲突

我曾在网上看到过这样一则视频。

两个男孩发生了肢体冲突，其中一个小男孩明显打不过对方，于是哭着跑过来跟爸爸求助。目睹儿子被欺负，坐在电动车上的爸爸气愤极了，指着对方要求儿子打回去："快去打！ 1！ 2！ 3……"小男孩哭得更伤心了，但还是抹着眼泪走向了对方。

可还没等小男孩出手，对方又是一顿推搡捶打，小男孩只能捂着头，再次哭着跑回来找爸爸。爸爸气势汹汹地下了车，指着儿子逼他继续去打对方："你不打他，我就打你！"小男孩只能又硬着头皮走向了对方。可结果，他还是一直在被对方打，一次都不敢还手。

我能理解这位父亲的愤怒，但我更加同情那个惊恐无助的小男孩。明明情绪已经崩溃了，可是他不仅没有得到一丝安慰，反而还被一次次推上前。当男孩被欺负了，我们的第一反应可能都是——一定要打回去，绝不能吃亏，更不能让别人以为自己好欺负。

但仔细想想，我们让男孩打，男孩真的敢打吗？打回去，就真的是万无一失、不会吃亏的有效办法吗？

01

这让我想到了美国心理学家乔尔哈勃博士的一段亲身经历，在他 11 岁的时候，曾遭到了同社区另外两个小男孩的欺负，由于他从小性格就比较内向温和，所以他选择了刻意躲避。但是父亲知道这件事后，却要求他必须反击。

一次，两个小男孩又来招惹他。哈勃本想着赶紧逃回家，可是刚转头就发现父亲正在家门口狠狠盯着他。那一刻，他没有感受到被父亲撑腰的底气，反而觉得更加无路可退了。他只能伸出拳头，打在了其中一个孩子的脸上。可他却并没有因此获得自信，或者变得更加勇敢。相反，在“打回去”的瞬间，他甚至感觉天都要塌了。

而那两个小男孩，也并没有被哈勃的反击震慑住，从而停止对哈勃的骚扰。相反，他们在接下来的日子用了更加恶毒的手段来对付哈勃。

《游戏力》的作者曾说过：对于那些受了欺负的孩子，如果情绪还没有调整好，即使是在家长的要求下打了回去，他们也不会因此对自己“更有信心”。

那些内心本就温顺或者性格腼腆的男孩，他不敢也不愿意打别人。所以他们最大的希望是有人能拯救自己，带自己脱离当下的境地。如果此刻父母的态度是，要他必须打回去，他的内心只会更加纠结和自卑，并且认为自己懦弱无能、没有出息。

就像一位网友说的，自己在和同学发生冲突后，爸爸也叫他打回去。可是他一方面害怕自己打不过，另一方面害怕和同学搞不好关系，会彻底失去朋友。与此同时，他还担心爸爸会骂自己太胆小，怀疑自己是不是活该被欺负。

两边受压的结果，使他越发自卑，厌恶社交，直到长大了也很难和他人正常相处。

02

除了要求男孩打回去，还有的父母会干脆自己动手，替孩子打回去，

作家刘娜曾说：“这世上最不忍围观的两败俱伤，莫过于两个孩子之间的打闹，最终给两个家庭带来了破碎之殇。”这些年来，因为孩子间的冲突，最后家庭破碎、祸及孩子的悲剧，我们见过太多太多了。

山东济宁一小区滑梯处，两个男孩因为玩沙起了冲突。本是男孩间再普通不过的小矛盾，但其中一位妈妈，觉得

自己的孩子吃了亏，所以一直骂骂咧咧，不依不饶。后来矛盾逐渐升级，这位妈妈怒气冲冲地拎起一辆自行车，狠狠地砸向了另一个 2 岁多的男孩。男孩应声倒地，号啕大哭。可这位妈妈，并没有消气，而是又捧起一把沙子，撒向对方孩子的妈妈。继而不停地扯她头发，最后把她按在地上殴打。

无数的悲剧，都在向"暴力护子"的家长敲响警钟。但类似的事件，仍然接连不断地在我们身边上演。我深深地同情并且理解这些父母的心情，但站在理性的角度，我非常不赞同也不支持他们的行为。

一个做了爸爸的朋友说过一句话让我印象深刻："以前没有孩子，遇到什么事都容易着急，一言不合就跟人拼起来。可是做了父亲后，在冲动的时候想想孩子，就冷静了很多。"

有人也曾问过我，当妈以后最大的感受是什么。我说，一是怕，二是怂。怕孩子被欺负，怕孩子出意外，怕自己给孩子做了坏的示范，更怕冲突发生的时候，自己没有足够的力量去保护好他。而我最怕的，是失去他，这是我万万不能承受之重。所以，我学会了忍，学会了认怂，学会了审时度势，学会了不被情绪裹挟。世界知名学者罗纳德博士曾说："暴风雨般的愤怒，持续时间往往不超过 12 秒，爆发时会摧毁一切。然而，倘若控制好这 12 秒，排解掉负面情绪，换来的就是风平浪静。"争一时之气，不如护孩子安稳。逞一时之勇，不如保孩子平安。

我相信，父母真正的智慧，是帮助男孩从困境中解脱出来，而不是自己拉着男孩跌入更深的泥潭。

03

很多人会说：我教孩子要善良、要友好、要礼让，不抢人东西、不动手打人，可是别人没教养啊，别的父母不肯好好管教他的孩子啊！我捧在手心百般呵护的孩子被人欺负了，我还不能反击吗？当然要反击，但是别让愤怒吞噬了自己的理智，以暴制暴注定是结果最坏的一种反击方式。我们一定可以有更合理、更智慧的解决方法。

1. 向学校老师了解事实

如果自家男孩在学校里和其他同学发生了冲突，父母一定要先了解清楚具体情况：两个孩子为什么会发生冲突？是普通的小打小闹还是蓄意伤害？先去找老师了解情况，弄清事实的同时，也需要告诉老师，这件事发生在学校里，我们需要得到老师的重视，我们不想孩子在学校里受伤。

2. 问问男孩自身的感受

许多父母看到男孩被欺负，第一反应是“我不能忍”“我一定要替你出头”“我咽不下这口气”，用自己的愤怒去代替男孩的想法。实际上，发生这种事情，孩子才是主体，家长第一时间应该做的，是问问孩子的感受："你是不是很害怕？""你需要我的帮助吗？""你和对方关系怎么样？""你想让我怎么做呢？"

这样的询问有两个目的：一是让男孩知道我们在关心他，我们会替他撑腰；二是大人其实没有办法设身处地去体会男孩的处境，或许他已经原谅了对方，也可能他不想失去原本的朋友。

3. 家长出面处理，但不要带着男孩

如果确定了不是简单的小摩擦，而学校方面又糊弄了事、推卸责任，那我们可以去跟对方家长对峙，谈一谈我们的需求：首先，你的孩子要当着所有老师和同学的面向我的孩子道歉，并且保证不会再有类似的事情发生；其次，该赔偿要赔偿，该追责要追责。

但其中非常重要的一点是，尤其是没有第三方在的时候，千万不要带着男孩一起去和对方见面。一方面，孩子的心理承受能力没有那么强；另一方面，我们不了解对方的人品和素质，假如对方做出过激的行为，我们可能无法保证孩子的心理或者身体不受伤害。如果明知道对方不是好说话的人，就别急着去找对方理论，而是带孩子验伤，保留证据，甚至可以直接报警。

04

李玫瑾教授曾经指出，父母如果总想着怎么替孩子打架，这是最糟糕的。当你的孩子和别的孩子发生冲突，你出现在他们面前的时候，你首先要意识到，他们俩都是孩子，你是大人。无论如何，作为大人都不能把怒气撒在孩子身上。

我们处理矛盾，要用成人的智慧，而不是用成人的强势。我们的目的是解决问题，保护男孩，而不是宣泄自己的情绪。

【妈妈养育心法】

男孩的社交情况复杂多变，因此，简单粗暴的处理社交问题的方法不一定管用。作为父母，有意识地培养男孩应对冲突的能力，教他自保与反击，引导他自己解决问题，才是真正的明智之举。当我们的男孩和同伴发生冲突时，我们可以做好以下几件事。

- 跟学校和老师了解事情的经过，弄清事实的同时，也是在提醒老师：这件事发生在学校里，家长和孩子需要得到老师的重视。
- 先询问一下男孩的感受，而不是一时冲动，用暴力的方式帮他出头。
- 由家长出面解决问题，该道歉要道歉，该赔偿要赔偿，该追责要追责。但要注意的一点是，尽量不要带着男孩一起上门，避免造成不可挽回的后果。

培养高情商男孩的 4 个技巧

哈佛大学心理学博士戈尔曼曾说过：“一个人成功与否，智商只占了其中的 20%，而情商的比例却高达 80%。”一个情商高的男孩，将来更容易在人际交往方面如鱼得水，进而一步步走向成功；而情商低的男孩，很有可能因为不擅长为人处世而丧失很多机遇。

父母都想养出一个高情商、受欢迎的男孩，但教育男孩，有时候你讲一百句道理，都不如带他出去亲身体验一下。想要让你的男孩更受欢迎，不妨从小带他去这 4 个地方走一走。

01

第一个地方：游乐场。

某综艺节目中，有个 4 岁的小男孩身上的问题特别多：他不懂礼貌，在外面玩时会欺负别的小朋友，从来不知道谦让，有时还大打出手，小朋友们都不愿跟他玩；他不守规则，在游乐场里面喝水，被工作人员制止后不仅不听，还对着别人吐口水；他还特别情绪化，在家里动不动就发脾气、扔东西、对妈妈又抓又打……

其实，不考虑别人感受、不守规则、随便发脾气，都是典型低情商的表现。教育心理学专家李玫瑾教授就曾一针见血地表示：孩子情商低，主要和父母的教育方式有关。每一个高情商、懂礼貌、有修养的小男孩，都是父母用心培养出来的。比如，很多父母都没有意识到，孩子经常去的游乐场，其实也是培养孩子情商的一个场所。

心理学研究表明，孩子 6 岁前的学习主要通过玩耍进行。像公园或者小区花园、游乐场这些场所，都是孩子聚集的地方。首先，在这里男孩会遇到很多陌生的同龄孩子，在和他们打交道时，能锻炼男孩的语言表达能力和人际交往能力。其次，男孩在和同伴玩耍、做游戏的过程中，也可以增强团队协作能力；最后，有人聚集的地方就宛如一个小社会，父母一定要引导男孩理解和遵守社交礼仪、规则。比如：要告诉男孩“想玩滑梯一定要排队，如果弟弟是后来的，却比你先玩上了，你也会不高兴的对不对？秋千只有一个，不能一直霸占，要和别人轮流玩。”“男子汉大丈夫，输了就输了嘛，敢作敢当，不能耍赖呀……”

只有从小教男孩遵守规则，考虑别人的感受，将来步入社会，他的适应能力才会更强，才能做一个受欢迎的人。

02

第二个地方：福利院或养老院。

如果一个男孩只考虑自己的感受，总是以自我为中心，不尊重身边的弱势群体，显得冷酷、自私，那么未来无论走到哪里他都不会受欢迎。

儿子 5 岁的时候，一次偶然的机会，我带他去了一所郊区的福利院。当他看到里面的小天使，不是被遗弃，就是有智力障碍、肢体残疾时，眼泪不由自主地流了下来。那天，我们在福利院待了一下午，和里面的小朋友聊天、玩游戏，体验了他们平日的生活。儿子还和其中一个小女孩成了好朋友，约定了下次再来看她。回来之后，儿子肉眼可见地变得更懂事了，吃饭不再挑食，还主动给我夹菜吃。当晚睡前，他还把一颗最喜欢的糖果放在我手里，扭捏地表白：“妈妈，谢谢你这么爱我，我也很爱你呀。”

都说现在的孩子娇生惯养、目中无人，那是因为他们大多泡在蜜罐里长大，缺少见识贫苦的机会。我们不妨制造一些机会，让孩子亲身体验一下不同的世界、不同的生活，比如带孩子去一次福利院、养老院，或者落后的山区，这不仅可以培养他的同理心，懂得设身处地体验他人处境，为他人着想；更能培养孩子的感恩之心，让他成为一个善良、有爱心的人。

03

第三个地方：朋友家里。

我有一次去朋友家做客，刚一进门对方 6 岁的儿子就主动跑出来打招呼，还帮我拿拖鞋，嘴里不停地说着“欢迎阿姨来我家玩”。吃饭时，他一会不停地劝我吃菜，说“阿姨多吃点，这道鸡翅是我妈妈专门为你准备的”；一会又说“阿姨你渴不渴呀，我家有苹果味的果汁，可好喝了”。一顿饭下来，小男孩嘴巴像抹了蜜一样，把我的心哄得暖洋洋的。后来，我跟朋友闲聊，由衷地夸奖她的儿子讨人喜欢，情商高。朋友笑着告诉我，其实她的儿子曾经也是个小“社恐”。

曾经，她带朋友来家里做客，儿子会直接躲进屋里害羞得不敢出来。所以，朋友便开始有意识地带儿子去朋友家里玩，让他看看别人是怎么招待他的。慢慢地，儿子在耳濡目染之下，学会了一些与人相处的技巧。平日里，朋友也会请儿子的同学到家里来玩，并且主动让儿子去招待他们。在她

“别有用心”的培养下，儿子果然越来越大方，待人接物越发成熟，成了高情商男孩，被大家称为“社交达人”。

04

第四个地方：运动场。

我们身边的不少孩子，都存在这些问题：玻璃心，动不动就哭鼻子；一旦事情发展不顺利，就大发脾气；遇到困难就打退堂鼓，想放弃……对此，有专家指出：情商不仅涵盖了自我情绪的管理、对他人情绪的洞察，以及人际关系的协调，还包括一项关键的能力，那就是应对挫折的韧性。一个缺乏韧性的孩子，往往内心较为敏感且脆弱，且容易受到负面情绪的影响。在未来的生活中，这样的孩子可能会频繁遭遇挫折，进而感到失望和沮丧。

北京大学前校长王恩哥就曾说过：人一生应该结交“两个朋友”，其中一个是图书馆，而另一个就是运动场。运动不仅可以锻炼身体素质，更可以健全人格、磨炼意志，让人变得坚韧不拔。

我曾看过一个博主分享的自己的亲身经历。他刚上初一的时候，整个人自卑又敏感，几乎没有朋友。加上进入新的环境很难适应，学习压力又很大，他整个人状态非常糟糕，晚上经常失眠。第一次期中测试，他连最拿手的数学都考砸了，难过得一整天都吃不下饭。

父亲发现了他的异样，主动找他谈心，得知他压力太大，便提出每晚陪他一起在家附近的公园打球半小时。他惊奇地发现，每次打完球，男孩的心情总是格外舒畅，仿佛身体的疲惫和淤积的坏情绪都随着汗水流淌了出去，内心充满了能量。

坚持一段时间后，他脸上有了朝气，整个人也开朗、自信了起来，渐渐和同学们打成了一片。后来，运动帮助他熬过了每次低谷、每场挫折，也陪伴他度过了整个青春生涯。

生活中，我们也不难发现，那些不爱运动的男孩往往沉闷、内向，不爱和人打交道；而爱运动的男孩则多半开朗活泼、乐观积极，人缘特别好。所以，带男孩多去运动场吧，让他在温热的汗水中尽情释放自己、锤炼自己，铸就一颗强大的内心。唯有保持一个好的心态和情绪，内心始终充满力量，男孩才能一路越挫越勇，乘风破浪。

05

父母多带男孩去这 4 个地方，也是给男孩一个契机，让男孩内心的那些美好特质一一展现、明朗，成为照亮他一生的火种。爸爸妈妈们，从此刻起做好男孩的情商教练，助力他学会与这个世界相处，成为一个真正有人格魅力的人吧！

【妈妈养育心法】

当一个男孩内心充满希望和安全感，能和自己、他人相处得很好，那么未来的他一定会自带光环，收获这个世界给他的温柔和赞赏。想要培养高情商的男孩，我们可以采取以下几种策略。

- 教男孩识别和表达情绪。帮助男孩识别和理解自己的情绪，并鼓励他以健康的方式表达出来。平日里，我们可以通过看电影、阅读相关书籍或是使用情感卡片的方式来帮助男孩做到这一点。
- 培养男孩的同理心。我们可以带男孩参与一些志愿服务活动，让他亲身体验帮助他人的感觉，从而学会更好地倾听、理解和关心他人。
- 给予男孩积极的反馈。当男孩展现出高情商的行为时，妈妈记得要给予积极的反馈，以强化他的这些行为。

第4章

情绪教养心法

做有勇气、有担当、有韧性和有温度的男子汉

男孩也脆弱：如何引导男孩走出情绪困境

前段时间，我打电话给表妹询问她的近况，没想到，电话一接通，表妹就泣不成声，吓了我一大跳。后来，在她断断续续的讲述中，我才逐渐明白事情的经过：

原来，表妹的儿子叮叮在学校是语文课代表。结果有一回，语文老师让叮叮抽查大家背诵课文的情况，叮叮给自己的好朋友"放了水"。不知怎么被语文老师知道了，语文老师一气之下，决定撤了叮叮语文课代表的职务。叮叮得知后，万念俱灰，竟然写了一封"遗书"。好在表妹及时发现，才没有酿成悲剧。

表妹哭着说："我真是后怕，但也觉得很生气，堂堂一个男子汉，怎么这点挫折都经受不住？现在的男孩子也太脆弱了……"

虽然叮叮在表妹的劝解下逐渐走了出来，但我却想到：

近些年来关于孩子自杀的悲剧中，事件的主人公，大多都是男孩：被老师训斥后写下遗书，从学校对面小区的高楼一跃而下的，是男孩；母亲节当晚，从某学校的楼上坠亡的，是男孩；因为在教室玩牌，被妈妈打了一耳光后，转身跳楼的，也是男孩……

21 世纪教育研究院曾发表过一篇《我国中小学生自杀问题的现状分析》的论文，里面指出：发生于 2016 年 10 月至 2017 年 9 月的 392 起自杀及自杀未遂事件中，男性中小学生的数量是女性的 1.5 倍，这一切，都指向了同一点：那个看似大大咧咧、没心没肺的男孩，其实比我们想象的要脆弱得多。

01

男孩的大脑处理情绪的方式，决定了他在情感上更脆弱。

电影《阳光普照》中，阿文和琴姐育有两个儿子阿豪与阿和。大儿子阿豪是典型的“别人家的孩子”，他“功课好、长得好、什么都好”。所有人都喜欢阿豪，他就像一道温暖的阳光。可没想到，在一个漆黑的夜晚，阿豪却突然从楼上跳下，自杀身亡。没有人知道阿豪为什么要自杀，包括与他日夜相对的父母，毕竟，他看起来总是那么乐观、坚强。

原来，阿豪坚强的外壳下，包裹着一颗敏感脆弱的心。

近年来，有脑科学家发现：尽管女性经常会用泪水和倾诉不加掩盖地表达痛苦，但其实女性在情感方面往往比男性更加坚强。在面对突如其来的情绪压力时，女性往往能够引导自己的大脑迅速处理好情绪，并将糟糕的感受转换成语言倾诉出来，获取他人的帮助或情感支持。而在同样的情况下，男性的大脑却可能要多花费好几个小时，才能处理好这些情绪。

同时，在左右脑的发育上，男孩和女孩也存在不同：女孩通常优先发展负责语言、意识、记忆的左脑，而男孩则优先发展负责运动、想象、创造的右脑。这也就注定了男性不擅长用语言表达自己的感受、处理情感问题。所以，很多时候，并不是男孩真的很坚强，而是没人能听见他心里的痛苦和挣扎。

02

不允许男孩哭，才是教育最大的危险。

有个朋友说起自己的儿子时，就满脸心疼。她说丈夫很不喜欢听到孩子哭闹，只要孩子一哭，丈夫就会大声威胁儿子："不许哭，再哭就给我滚出去！""我数到 3，立刻把那不值钱的眼泪收回去。"如今，儿子 6 岁了，却很少会像同龄的孩子那样哇哇大哭。哪怕遇到天大的委屈，泪水都已经在眼眶里打转了，儿子也要努力吸着气、抬头看，不敢让眼泪落下来。每次看到儿子这副想哭又不敢哭的可怜样，朋友就对丈夫又多了几分埋怨。

其实生活中，不少父母都跟我朋友的丈夫有类似的想法，总觉得“男子汉流汗流血不流泪”“一个男孩哭哭啼啼的像什么样子”。但是我们却忘了，他是个男孩，但他更是一个孩子，没有哪一种负面情绪会凭空消失，阻止男孩哭泣，只会让垃圾情绪在他的心里堆积成山，直到某一天，不堪重负的孩子会被这座大山悄无声息地压垮。

心理学上的“钟摆效应”也告诉我们：人的正面情绪和负面情绪，就像钟摆一样，会呈现出对称的状态。如果一个孩子从小就不被允许流露出负面情绪，那么久而久之，他对正面情绪的感知力也会持续下降，最终成为一个感觉不到快乐的空心人。

阻止男孩哭，并不会让他因此变得更加坚强，相反，那些无法排解的垃圾情绪会让他幼小的心灵千疮百孔，一点点失去对这个世界的热爱。

03

缺席的爸爸，正在为男孩的成长埋下隐患。美国心理学家莱昂纳德·萨克斯提出了一个关于“浮萍男孩”的概念，他发现在现实生活中，越来越多的男孩对真实的生活缺乏热情，他们冷漠、自私、不愿意承担责任。而“浮萍男孩”出现的原因之一，就是缺乏强壮、正面的男性榜样。更有数据表明，在没有父亲的家庭中长大的男孩，青春期后，会迎来更高的自杀率、离家出走率、辍学率及药物滥用等。

某中学，一个初三男生因为在教室玩扑克牌被班主任叫了家长，妈妈赶来后，没有听儿子的一句解释就情绪失控，动手打了孩子。没想到，男孩乘人不备，竟然毫不犹豫地爬上护栏，从 5 楼跳了下去。后来，网上有知情人士曝光了这件事情的后续：这位可怜的母亲现在已经不幸离世了。

同时，也有更多的细节曝光了出来。原来，在男孩小时候，他也曾有个其乐融融的三口之家，家里经济条件也很不错。后来父母离婚，家庭破裂。

就这样，男孩变得沉默寡言，男孩的妈妈被生活逼得焦虑、暴躁。最终，相依为命的二人因为一个小小的矛盾，付出了血的代价。

对男孩来说，父亲就像一座巍峨的大山，是自己的榜样和力量的来源，而那些缺少父亲陪伴的男孩，往往情绪不稳定，内心也更脆弱，更容易因为一时冲动走向极端。

04

作家狄更斯曾说："情绪心态之健全，比一百种智慧更有力量。"但由于生理、社会文化、家庭等因素，我们的男孩天生情感更脆弱、更不善于表达。那么，作为父母，该如何引导男孩，赋予他稳定的情绪和乐观的心态呢？下面5个建议送给家有男孩的父母。

1．给男孩更多的拥抱

有研究发现，父母拥抱女儿的次数，远远多于拥抱儿子的，即便是对刚出生的婴儿，也是如此。可实际上，6岁前，无论是男孩还是女孩，都很需要安全感和归属感，而拥抱这个动作，就像是在给孩子的心灵充电。父母不妨在送儿子去学校前、每天回家后和晚上睡觉前，分别给儿子一个大大的拥抱，让他重获平静。

2．尊重男孩的"洞穴时间"

在远古时代，女性主要负责采集和养育婴儿，男性负责外出打猎。然而，打猎的过程很漫长也很危险，这就导致男性需要一个足够安全的洞穴藏身。

到了现代社会，人类的这种心理需求被延续了下来。所以，在面对痛苦和压力时，我们的男孩通常需要离开一会，独自一人静静。这时候，我们要做的不是把他从"洞穴"拽出来，而是等他自己走出来，等男孩平静一些后，再跟他进行沟通。

3. 用讲故事的方式引导男孩开口

《男孩的思维方式大不同》一书中写道，男孩天生有一种倾向，即他们更容易接受电影情节、神话传说和拟人化的故事，而不是干巴巴的道理和抽象的词汇。所以，当男孩不肯开口谈论自己的情绪时，我们可以用讲故事的方式引导他。

比如，看到眼前有一辆表面坑坑洼洼的汽车，我们可以跟男孩说："你看，这辆车被砸成这样，一定感到非常生气。它曾经也有漂亮的线条和光滑的车漆，可现在，这一切都被人毁掉了。有时候我也会有这种感觉，即使自己拼尽全力，但依旧失败了，还落得满身伤痕，我想，你或许也有过类似的体验……"

4. 培养男孩运动的习惯

相比女孩，男孩更倾向于用一系列迅速而剧烈的动作释放情绪，比如，大喊大叫、摔门而去、狠狠砸桌子，或是将自己沉浸在电子游戏中，对外界的一切不理不睬。针对这一特点，我们可以试着让男孩接触一些比较剧烈的运动，比如足球、游泳、爬山等，通过运动，让男孩找到合理宣泄情绪的方式。

5. 帮助男孩寻找男性榜样

心理学家古里安发现，年长的男性可以给男孩提供必要的约束，为其指明前进的方向。因此，平时爸爸可以多跟男孩讨论自己的事业和引以为傲的事情，让男孩把爸爸当作偶像来崇拜；或者让儿子多接触身边优秀的男性长辈，找到一个可以模仿的榜样，逐渐学会用坚强面对人生。

【妈妈养育心法】

一个调皮、好动的男孩想要成长为一个快乐、温暖、人格健全的男人，注定离不开父母的爱与关注。生活中，我们可以通过这几件事让男孩学会跟自己的负面情绪相处。

- 多给男孩一些拥抱，拥抱的背后是接纳和理解，有助于亲子之间的情感联结，让我们的男孩知道父母始终会站在他的身后。
- 尊重男孩独处的需求，在男孩情绪低落时，不强求他一定要说出来，给他一些独处的时间，让他获得内心的平静和治愈。
- 用讲故事的方式引导男孩表达自己的情绪。
- 和男孩一起做运动，通过流汗的方式排解负面情绪。
- 鼓励爸爸多参与育儿，让男孩有一个可以参照的男性榜样。

谁说男孩一定要成为“硬汉”

一次，我在外面吃饭，遇到了一对母子。他们刚吃好，正准备离开去附近的儿童游乐园。小男孩看上去也就六七岁，兴高采烈往门外冲的时候，没注意到门口的门槛，被绊倒了。他重重地摔在地上，痛得号啕大哭，妈妈急忙把他扶起来，一边焦急地检查儿子有没有受伤，一边说道：“男子汉大丈夫，有什么好哭的啊。”

听到这句话，小男孩哭得更厉害了。妈妈紧接着又说道：“你看看，那些哥哥姐姐、叔叔阿姨都笑话你了，一个男孩子，哭得像个小女孩似的，你羞不羞？”小男孩被说懵了，一时不知道应该怎么办。最后如妈妈所愿，男孩强忍着眼泪，不敢再哭出声。

这样的情景，其实我们生活中比比皆是。通常，男孩总是被要求坚强，被要求勇敢，所以他不能哭，不能示弱，一旦哭了，示弱了，就会被苛责：“一点都不像男孩。”但是我们往往忽略了，这种刻板的性别印象，正在深深伤害着男孩。

01

一次儿子幼儿园开学时，有个男孩让我印象很深：新生入园难免哭闹，这个男孩抱着爸爸的大腿不放手，一边哭一边嚎“我不上幼儿园”。急于脱身的爸爸则一脚把他甩了出去，还说：“你已经是一个小男子汉了，要勇敢，不能哭，知道不？”结果，男孩哭得更大声了。老师说，这个男孩已经哭了两周多了，是新入园孩子中适应最慢的一个。

无论妈妈还是爸爸，都向他强调：你已经长大了，该去幼儿园了，不能再缠着爸爸妈妈了。可现实是，孩子刚满 3 岁，并没有成为家长期望的“男子汉”，原本就因为恐惧分离而哭闹的男孩，更害怕了。

我们总以为，男孩就应该心硬如铁身硬如钢，总觉得男孩不哭，长大以后才能成为一个顶天立地的男子汉，才能变得更坚强，更有担当。可是，我们却忽略了，男孩的那颗心，也需要释放负面情绪，也需要柔软的爱去包裹。

当我们要求男孩不要哭的时候，其实是在害孩子，因为他的情绪无法释放，渐渐地就成了他内心的定时炸弹，当男孩只能把委屈深深埋进心里，这份压抑的心情就会成为他内心的魔障，那些被否定的负面情绪，也会一点点吞噬男孩内心的阳光，让他成为一个嚣张、无情的人。

作家金德伦和汤普森在《男孩不该走的路》一书中指出：传统文化对男性的刻板观念，阻止了男孩承认本身的情绪，也妨碍了男孩的情感发展，这种错误的情感教育，使男孩们远离了健康的沟通、情感的认知及表达。虽然男孩和女孩在身体和心理上都存在巨大差异，但他们同样也需要父母的理解和呵护，甚至在某种程度上，男孩比女孩更需要父母的呵护。

儿童心理学研究发现：男孩的大脑发育速度比同龄女孩较慢一些，男孩的情感依恋需求会比女孩更强烈，从生理和心理角度而言，男孩需要更多关怀，肌肤需要更多触摸。只有当男孩得到了足够的关怀和爱，他们的内心才不会变成一片情感荒漠，而是充满温暖和阳光。

02

在我小时候，发生过一件让我印象深刻的事情。

邻居家有个小男孩，七八岁时因为贪玩，一个人悄悄沿着梯子爬上了屋顶。但是，准备下来的时候，他从上面往下看，因为太高而感到害怕，所以只能坐在屋顶上，大声呼救。本来还在屋内忙活的大人，听到声音都跑了出来。妈妈急急忙忙爬上梯子，但是老家的房子，上面都是瓦块，加上是老房子，谁也不能确定能不能承受一个大人的重量。妈妈哄着他，想让他自己走过来，但是他不敢动，缩在屋顶瑟瑟发抖。过了一会，刚从外面回来的爷爷就在底下冲男孩喊：“你怎么像小姑娘一样胆小啊？就这几步路还磨磨叽叽的。”男孩委屈得快哭出来了，爷爷又说了一句更狠的：“难道你真的想要当个娇滴滴又爱哭的小姑娘？”这话激得小男孩大声为自己辩解：“我才不是小姑娘！”然后他站起来，走到妈妈身边，这才被妈妈顺利救了下来。

从小到大，家人教育他什么是“男子气概”的时候，总是会说：“你怎么这么弱，跟个小女孩一样。”“你胆子比女孩子还小。”……渐渐地，他变得充满男子气概，勇敢、大胆，但同时也变得不尊重女性：在家的时候，他会对妈妈颐指气使；结婚以后，他总是轻视自己的妻子，觉得妻子就是他的附属品。

很多男孩从小所受到的所谓“男子气概”的教育，大多都是建立在歧视女孩的基础上的，当“像个女孩”是一种贬低，“像个男孩”是一种夸奖，就是在向男孩灌输一种扭曲的价值观：女孩都很差劲，男孩都很优秀。从此，男孩就把自己的人格和自尊，建立在“性别优越感”上，越来越看不起女性，包括自己的妈妈，还有自己的妻子。

03

20 世纪 70 年代，美国有人认为，不够阳刚的男孩，实际上得了一种病，他们把这种病取名为“娘娘腔男孩综合征”，还一致认为，这是一种必须治疗而且可以根治的病。

当时有一个 5 岁的小男孩，叫柯克 · 墨菲，他喜欢玩女孩子玩的娃娃，还会偷拿妈妈的化妆品“打扮”自己，妈妈觉得儿子没有男孩子的样子，于是就把他送进了相关实验机构，希望治好他的病，以后能“像个正常男孩一样生活”。工作人员专门准备了两张桌子，一边是玩具刀枪、玩具士兵，另一边则是娃娃、过家家的玩具。他们让柯克和妈妈一起进去，还叮嘱妈妈，“像个女孩”就责骂、惩罚柯克，“像个男孩”就给予他表扬和奖励，就算以后柯克回家了，妈妈也必须坚持这种奖惩训练。几个月后，柯克就像变了一个人一样。他如妈妈所愿变得“正常”了，但是，这种被公认的正常，却让他越来越孤僻，越来越压抑自我：他不想被贴上“娘娘腔”这种羞辱性的标签，但是勉强自己来迎合大家又让他倍感痛苦。终于，在 38 岁那年，他选择了自杀。

诗人顾城曾写过这样一首诗：

红毛衣
小时候
我哭过
我要穿红毛衣

我看见一个小女孩
穿着它
在暖洋洋的草原上走

在淡红的太阳中走
像一团小小的火焰

可是，我没穿
因为
我是个男孩子

我有一团
太阳般的红毛线
我不会织，而且不敢
我是男孩子
我害怕那些会笑的同伴

我永远不能穿红毛衣
我哭了
因为永远

就像当年英国的乔治小王子因为跳芭蕾而被人冷嘲热讽一样，人们总是要把一些事物划分成男女两派，比如红色、粉色是女孩子专属的，男孩子跳芭蕾就是娘娘腔。迫于压力，很多男孩只能放弃自己的喜好，变得“正常”，但是，男孩可以穿红毛衣，可以喜欢玩过家家，可以喜欢跳芭蕾……这些并不是羞耻的事。

我曾经看过一部电影，叫《舞出我天地》。11 岁的小男孩比利，出生在一个家境并不好的家庭。爸爸认为比利应该学些体现男人气概的拳术，但他喜欢上了芭蕾。当时学芭蕾的都是女孩子，所以爱上芭蕾的比利觉得自己像个“娘娘腔”。爸爸全然不理解儿子为何爱上女孩的玩意，在爸爸眼里，男孩就该踢足球，或者打拳击，但是最后他选择尊重比利，让他去学芭蕾。多年以后，爸爸和哥哥来到皇家大剧院看他的演出，那时候的比利已经成为了一名王牌舞者。

父母总是不喜欢儿子玩“女孩玩的东西”，但是，女孩也可以玩玩具枪，男孩也可以玩芭比娃娃。没有任何兴趣是带有性别标签的。一个男孩的“阳刚之气”，也不仅象征着力量，它还可以是男孩内心向阳而生的蓬勃生命力；它可以表现为活泼自信，也可以表现为百折不挠。父母应该做的，不是用性别标签，单纯地逼男孩阳刚，而是用心发现他的独特性和兴趣，让他享受做自己的过程。

04

作为一个妈妈，家有男孩，我希望他能够变得坚强、勇敢、坦荡、强壮，充满阳刚之气，但是，我也希望他温柔、细心、体贴、善良，尽显天性里的真善美。

短片《Boys Don’t Cry》里说：“男孩可以很有爱心。”

“男孩可以内向。”“男孩可以伤心。”“男孩可以忸怩。”“男孩可以被人看到柔软的一面。”“男孩终将成为男孩，或许他们还有更多可能。”

男孩，需要父母用心陪伴，用爱养育，这样他才会有足够温暖的内心，去丰满羽翼，积累未来面对风雨的勇气，成为一个顶天立地的男子汉。教育男孩，不仅要把他培养成一个“充满男子气概的男人”，更要培养他的担当意识和责任感。

愿每个男孩，能心有猛虎，也能细嗅蔷薇。

【妈妈养育心法】

尊重男孩，不给男孩乱贴标签，妈妈才能培养出一个优秀的男子汉，收获一段彼此信任的亲子关系。

- 不要逼男孩坚强。想让一个男孩变强，不是让其陷入困境中无人支援，而是让他知道即使再难，自己也是被爱着的。父母的支持和爱，才是推动他继续前行的最强力量。千万别让男孩在打败困难之前，先被你的一句“你要坚强啊”打败了。
- 不要逼男孩太早懂事。真正的懂事，应该是男孩发自真心地懂得了爱与被爱，而不是在父母的逼迫中让他过早戴上了“我很听话”的面具。
- 不要刻意“穷养”男孩，而应该合理满足他的物欲，让他有余力放眼未来、努力探索，不断获得成就感。

摧毁男孩仅需一瞬，重建自尊却需漫长岁月

我曾在网上看到过一位妈妈的咨询帖。事情的起因是儿子带了朋友回家玩，大家一起吃饭的时候，妈妈调侃儿子："这么胖以后找不到对象了。""在家里就知道躺着。""忒胖了。"

大家听了都哈哈大笑，就连儿子自己也跟着笑了。但是妈妈没想到，儿子把朋友送走之后，却莫名其妙地冲她发火："抬高别人、贬低我有意思吗？别的家长怎么不这样？就你们一直说我！我之前那么久不带朋友回来不就是这个原因吗？"这些控诉在妈妈看来就是玻璃心，因为她觉得："都这么大个小伙子了，父母说几句都不行，太小题大做了，心理太脆弱了。"

这位妈妈甚至还为自己叫屈，认为别人的家长不说，那是因为他们没她那么开明，家庭氛围没这么轻松活泼。

看完这个帖子，我想为里面的男孩抱不平。父母有没

有想过，有时候这种“充满活力和笑声的家庭氛围”，建立在伤害孩子的自尊之上。这种看似幽默，却贬低孩子自我价值感的言辞，都是孩子的“自尊杀手”。

01

我曾经看过一个视频。一个小男孩，因为没有写完作业，被妈妈当着大家的面揍了一顿，还罚他站在一边反省。小男孩脸上虽然没有什么表情，但是眼泪一直啪嗒啪嗒地掉。弟弟调皮，拿了个盆子出来，放在哥哥的下巴上接着，并哈哈大笑。爸爸不仅没有阻止弟弟，反而跟着笑了起来。其他的人，一边笑话小男孩，一边拿手机拍视频发到网上。一群人闹哄哄的，只有小男孩默不作声，听着他们的嘲笑声，安安静静地哭了半个小时。

其实在孩子眼里，这些都是自己的糗事，是不光彩的，然而很多父母都没有意识到这一点。就像教育家陈孜虹在《有爱好好说》这本书里提到的，大人总是理所当然地认为，小孩子还不具备羞耻心的认知能力，所以不会觉得没面子。

正是这一份误解，直接导致父母总是忽略男孩对尊重和认可的期望。父母不妨试着换位思考一下。当你和你的好姐妹围在一起聊天吃饭时，你的孩子当着大家的面说：“妈，你看起来好老啊，和阿姨们在一起，你看起来像是奶奶辈的！哈哈哈！不像阿姨她们，看起来才三十出头的样子，好年轻！”

当你留客人在家吃饭的时候，孩子又说：“妈，你做的饭菜能入口吗？太难吃了，我还是点外卖吧。阿姨们自求多福。哈哈哈！”当你打扮得漂漂亮亮的时候，孩子说：“妈，您都一把年纪了，打扮起来好吓人，像老妖怪一样。哈哈哈！”

你听到这些话，心里好受吗？没有谁喜欢被嘲笑，也没有谁能在被嘲笑后还发自内心地喜悦。孩子不尊重父母，父母可以打骂孩子，但是父母不尊重孩子，孩子只能跟自己过不去。孩子的世界很小，所以，所有的小事都不小。

02

很多父母都没意识到，男孩的自尊和人格，会在父母的打击之下变得扭曲，然后自我摧毁，轻则失去积极向上的养分，重则失去宝贵的生命。

微博上有个网友说，小时候，有一年过年，大家都来到爷爷奶奶家。他看大家都在厨房忙碌，准备晚餐，就也想去帮忙。当看到桌子上有几个盘子，他就想帮忙拿到厨房，给他们盛菜。但年纪小的他并不知道陶瓷盘子是很重的，一不小心就把盘子摔碎了。

大人听到声音都走了出来，妈妈看到他和一地的瓷器碎片，拿着旁边的扫帚就打了他好几下。他又痛又怕又羞愤，张嘴就号啕大哭。爷爷奶奶上来劝，婶婶她们也拉住了妈妈。但妈妈却不依不饶："你还好意思哭？你看你，丢不丢人！这么多叔叔阿姨、姐姐妹妹、哥哥弟弟看着你呢，你羞不羞！"

他还来不及认错，就已经被铺天盖地的羞辱感吞噬。自那以后，他变得越来越讨厌过年，也越来越敏感自卑。有人来家里做客的时候，他巴不得自己立刻从家里消失。到最后，一旦别人的视线落在他身上，哪怕只有一秒，他都会浑身不自在，觉得别人的眼里充满鄙夷。

作家毕淑敏说："孩子的成长，首先是从父母的瞳孔中确认自己的存在。如果连最亲的人，都不顾你的尊严，否定你的价值，那么孩子是无法看到自己存在的意义的。"

毁掉一个孩子，有很多种方式，而在大庭广众之下，对孩子毫无顾忌地辱骂、贬低，将孩子的颜面狠狠地践踏，无疑是最诛心的方式。父母眼里没有孩子的尊严，孩子心里就觉得自己没有存在的价值。

03

其实，每一个孩子的自尊心都有一道防线，这道防线，也是孩子自我保护的最后底线，父母不要轻易越线。

底线一：不要以谦虚之名，否定孩子。

之前在网上看到一段话，说的是咱们中国的家长有个毛病，明明知道自己孩子很优秀，别人夸自家娃时心里也美得不行，可就是要口是心非地说："哪里，这是他侥幸。""这是他瞎猫碰上了死耗子。"这种情况在生活中十分常见。

某个周末，我一个人拿着很多东西在等电梯，一个 10 岁左右的小男孩主动提出帮我拿一点，我夸赞他贴心乖巧，男孩笑得很开心。但是男孩的妈妈生怕孩子骄傲，忙不迭地说："他哪有这么好啊，就只是在人前装模作样。"此话一出，男孩的笑脸就蔫了。

有时候父母脱口而出的话，并没有恶意，但在孩子看来，就是对他整个人的批评否定。父母须知自己的否定与打击，正是导致孩子自卑、不自信的利器，会深深地挫伤孩子。

底线二：不要在公开场合批评孩子，让孩子丢脸。

很多父母教训孩子的时候，总是不分场合，甚至还有的父母，故意当着大家的面教训孩子，以为这样就能让孩子长记性，以后不会再犯错。但是，他们忽略了，每一次的公开批评，对孩子而言，无异于凌迟。

网上看过很多孩子的留言："被家长在公众场合打过，真的想过死。""在一大堆亲戚朋友面前喊我跪下，开始骂我，我最后躲在窗帘下面掐自己，当时真的恨不得跳下去结束这一切。”

没有人愿意被当面羞辱，也没有人会忘记这种耻辱感。当一个孩子的自尊受到攻击时，无论是当时，还是以后，他内心都会留下一个疙瘩，甚至是一个永远无法痊愈的伤口。

底线三：不要“偷窥”孩子的秘密。

知乎上有位网友分享了自己的一段经历。上初一的时候，妈妈偷看了他的日记，还在吃饭的时候，当着大家的面，把他在日记中写的对哪个女生有好感，做了什么糗事，对父母有什么意见……统统像笑话一样讲了出来。那一刻他满脑子只有一个想法：想立刻死掉或者原地消失。自那以后，他再也没有写过日记，无论对谁，都极度防备，他再也不敢相信谁了，总是战战兢兢，活得非常疲累。

每个人都有自己的秘密，或难以启齿，或不愿分享。开明的父母，不需要通过窥探隐私的方式去了解自己的孩子；睿智的父母，更不会把孩子的秘密当成笑话讲出来。

04

美国儿童心理学家詹姆斯·多布森（行业内常称詹姆

斯·杜布森）说过："让孩子失去自尊的方式有千百种，可要替孩子重建自尊，是一个缓慢困难的过程。"

没有一座大厦是一天能建好的，但是破坏一座大厦却只要一瞬间。孩子的自尊，比我们想象中强，又远比我们想象中脆弱。只有当父母护着孩子的面子，孩子才能真正学会自尊和自爱。一个有自尊的孩子，才能汲取成长的正能量，无后顾之忧地努力成长。

【妈妈养育心法】

父母真的爱男孩，一定是以他的感受为优先。父母要放下所谓的"脸面"，注重男孩的想法和心情，让他拥有平和、舒适的生存环境，享受父母给的尊重和关怀。下面这几件事妈妈们一定不要再做了。

- 不要以谦虚之名，否定男孩。想要男孩活出自信，感到幸福，一定要多给他一些及时的支持、正面积极的肯定。
- 不要在公开场合批评男孩，让他丢脸。当男孩犯错误时，父母不在人前教子，就是给他最好的保护。
- 不要"偷窥"男孩的秘密，要把他当作一个成年人一样尊重。

让男孩不再乱发脾气！超实用男孩情绪管理技巧

我前几天带儿子去接种疫苗，看到这样一幕：一个七八岁模样的小男孩，因为害怕，轮到他打针时死活不肯坐在椅子上，当场暴哭，身旁的妈妈一开始还耐着性子，低声劝导，可看他扯着嗓子一直尖叫“我不要打针，我要回家”，妈妈的温柔一点点消退，取而代之的是满脸怒火。为了让儿子顺利接种，妈妈喊来了不远处的奶奶，两人合力抓住他，妈妈更是以吼治吼，大声嚷嚷：“快点去打，打完才能回家。”

一时间，原本嘈杂的诊室里，变得更加混乱，所有人纷纷侧目，儿子也皱着眉头低声说：“妈妈，好吵呀，怪吓人的。”

看到这样的画面，我心里不禁一揪，为那个哭闹的男孩，也为简单粗暴的妈妈。同为妈妈，我完全理解这位妈妈那一刻的生气和难堪。但孩子发脾气时，父母处理方式错了，既解决不了问题，还会把孩子推向更糟糕的处境里。

01

常听身边的男孩家长这样评论自家孩子："真不知哪里出问题了，怎么就他脾气大，一言不合就摔东西、哭闹，天天像打仗一样。""最怕带他出门了，万一突然情绪失控，无理取闹，搞得跟个小无赖似的，我一点办法都没有。""明明就是一点小事，都能惹毛他，以后长大也这么冲动行事该如何是好？"……

无理取闹、莫名其妙发脾气，这样的描述似乎总能在男孩身上体现出来。每每这时，父母不是被搞得精疲力尽，就是严重怀疑孩子或自己。都是差不多的年龄，为什么男孩就是比女孩闹腾，情绪更无法自控？

事实上，这个问题儿童教育学家金伯莉·布莱恩早就说过："孩子任性、发脾气是因为他们的生理和情感的发育超过了自身的沟通能力。"尤其是男孩，各方面发育相较同龄女孩来说都较为迟缓，这导致他更容易发脾气。

一方面，男孩大脑中控制冲动的额叶部分发展缓慢，导致男孩自控力不足，更容易对外界的刺激产生强烈反应；另一方面，男孩体内的睾酮会让他情绪高昂、淘气、好动、破坏力强，因此，他的耐久力相对差一些，注意力持续时间较短，做事更容易毛躁。而且，因为男孩早期大脑语言中枢的发育比女孩晚，所以自身的语言表达和控制能力比较差。负面情绪一来，男孩的动作往往比语言快，无法迅速调整言语逻辑进行沟通。

很多时候，并非男孩故意和父母对着干，脾气大，玻璃心，而是他天生没办法妥善处理好自己的情绪。

02

《养育女儿》一书的作者曾说，孩子有缺点并不可怕，可怕的是作为孩子人生领路人的父母，缺乏正确的家教观念和教子方法。发脾气本身是无害的，反倒是父母的错误做法，才是问题所在。大多数情况下，父母阻止男孩发脾气，很容易陷入这 3 种误区。

1. 对男孩发脾气，以暴制暴

看到男孩控制不住自己，脾气本就不好的父母更容易采取过激的行为管教男孩：扯着嗓子凶孩子一顿，或发火打孩子一顿，到头来，家庭混战愈演愈烈，男孩哭得更厉害，父母冷静过后只会陷入深深的自责。面对男孩的坏情绪，父母对抗管教、态度强硬根本于事无补。

2. 跟孩子讲道理

父母试图教导男孩别乱发脾气，正视自己问题的教育思路没有问题，只是苦口婆心地讲道理（比如：“跟你说了别做 ××。”“你看看，不听话就是这种后果。”……），对沉浸在负面情绪中的男孩来说毫无用处，无异于对牛弹琴。要知道，男孩脾气一上来，不管父母说什么、做什么都是错的，他完全听不进去。

3. 责备男孩，不准他有情绪

有些父母受不了男孩发脾气，一看男孩哭闹，随口就是呵斥："哭什么哭，给我憋回去。""妈妈最讨厌你这样子了，不许发火，不许哭。"……

脑科学研究表明：阻止孩子发脾气，会妨碍其大脑的正常发育。父母习惯强行压制男孩的情绪，传递出来的是，哭是不对的行为，想要做好孩子就不能哭，结果男孩只会陷入情绪表达的混乱中。

03

男孩闹起脾气来，让人头疼、无奈又崩溃。但心理学家劳伦斯·科恩表示：作为大人，要学会翻译孩子的"语言"，看到他行为背后的情绪和需要。如果父母想知道男孩出了什么事，真正帮助到他，那么以下这些情绪管理技巧"干货"，就赶紧学起来吧。

1. 保持冷静，别急着回应

如果父母太心急，很容易激发自己的怒火，给男孩造成额外的伤害和压力。给男孩一点空间，让他按照自己的节奏平复下来。在此之前，父母请先缓一缓，调整一下呼吸，确保自己能冷静应对这个场面，再做出回应。要知道，父母平和了，孩子的坏脾气才有缓解的可能。

2. 男孩崩溃、失控时，将他“暂时隔离”

当男孩正在生气、拒绝对话时，为了不伤及他的自尊，可以先带他到安静的地方，让他好好宣泄一下，同时还要告诉他，只要他平静下来了，就会跟他好好谈一谈。“暂时隔离”绝不是冷落他，更不是惩罚、威胁，而是避免父母和男孩起正面冲突。要时刻让男孩知道：我们允许你表达负面情绪，也接纳这样的你；不管你是哭，还是闹，我们都在场。

3. 带着关怀的语气引导男孩表达情绪

男孩在情绪爆发时，常常词不达意，有时想表达愤怒，却对着父母说：“我讨厌你！”“你这个坏蛋！”要知道，每一个捣蛋、发脾气的男孩，都是受挫的孩子：他不是没事找事，而是缺乏鼓励和关爱。当他冷静下来后，父母要耐心帮助他，引导他说出心里的感受和想法，比如问他：“你是不是因为 ××，所以很生气？”

父母要细心聆听他的表达，不要急着插嘴，让他有充分的时间分辨自己的情绪。

4. 关注男孩的需求，包括身体和情感上的

男孩表达能力较弱，更需要父母的看见和理解，尤其是他闹脾气时，先想想他是不是哪里不舒服：身体受伤了，还是情感得不到满足？比起喋喋不休地唠叨、询问，男孩

想要的是父母能透过他的表情、动作，走进他的世界。父母将孩子的行为和他内心的需求连接起来，不仅能帮助他认识自己的情绪，也能让他认识自己。

5．提供选项供男孩选择

聪明的父母，不给男孩做填空题，而是选择题，尤其是男孩的需求不合时宜，或会造成某些不好影响时，不妨让他选："你要克制自己，还是坚持自己的想法，但必须承担相应的后果？"

这么做，也是为了锻炼男孩的自控力。如果他选择前者，要给他鼓励和表扬，肯定他明白事理；若选择后者，需事先告知他后果，并说到做到，让他明白自己的行为会有什么代价。父母不宠溺、不放纵，才能管教好他。

6．满足不了时给予清楚的解释

男孩也有自己的意志，被强硬拒绝时，他的内心容易积攒更多的负面情绪。如果父母仗着自己的权威，告诉男孩"我说了算"，跟他硬碰硬，往往会激发矛盾。

跟男孩说"不"时，还要告诉他你的具体原因是什么。比如，不准他再买玩具，是因为出门时已经说好了不买，或家里已经有很多同类型的玩具了。解释清楚理由，是为了避免否定他的需求，同时也保护好他的自信心，引导他理解并控制好自己的行为。

7．可以表达同理心，但态度要坚决

和男孩沟通，一定要温柔和坚定，设身处地理解他想

得到某个东西，或实现某个愿望的心情。但如果他一直通过自己的行为试探父母的底线，仍旧哭闹发火，父母也要坚持自己的立场，不随便让步，让他意识到，违反规矩、触及原则的事，父母是不会答应的。这样一来，他就会慢慢放弃以发脾气的方式来要挟父母了。

8. 不要发脾气，给男孩良好的示范

对孩子发火，用打骂管教，是一种教育上的偷懒，它的弊远大于利。作家詹姆斯•鲍德温说："孩子们从不善于听从长辈的教诲，但是他们从不会错过模仿长辈的行为。"

父母乱发脾气，是错误的示范，容易让男孩误以为这是正确的解决问题的方法，所以不管情况如何，问题有多令人沮丧，父母都要克制自己，不在男孩面前大发雷霆。切记，父母的情绪好坏，带给孩子的是截然不同的人生走向。

9. 无论如何，都要让男孩感觉到被爱

心理学研究发现，孩子内心愤怒的最大根源，是他们根深蒂固地以为自己没有人爱。和女孩一样，男孩任性、使性子时，最怕父母的拒绝和忽视，他也需要拥抱、亲吻和温柔的身体接触。

父母要多给男孩一些正面的鼓励和爱的抱抱，让他明白，就算他的行为让人失望，父母也会无条件爱他、接纳他。

04

男孩发脾气，父母不可勇夺，只可智取。不想他受情绪所困，被错误的表达方式所伤，父母就要理解他、包容他、教导他。

正如《兰海说成长》中的那句话：“孩子的成长，对于我们每个成年人来说，都是最大的挑战——挑战的不仅是我们的耐心，还有我们的眼界。”为了孩子，每一对父母都要重新当一回学生，不断学习和提升，成为真正懂男孩的人，唯有这样，男孩们才有可能一步步走出情绪的泥潭。

【妈妈养育心法】

一个男孩在成长过程中，如果被教会如何识别情绪、表达情绪和疏解情绪，他就能逐步掌控情绪，不做情绪的奴隶。当男孩发脾气时，妈妈可以这样做。

- 自己先保持冷静，不跟男孩硬碰硬。
- 当男孩在气头上时，给他一些时间和独处的空间，让他冷静下来。
- 耐心引导男孩用语言表达情绪。
- 多关注男孩身体和情感上的需求，不把男孩发脾气当成小题大做。
- 面对争议，可以给男孩提供几个选项。
- 无法满足男孩时，要清楚地解释原因。

- 理解男孩的情绪，但对于原则问题坚决不能退让。
- 以身作则，平时自己控制好情绪。
- 无论如何向男孩传达一种态度：你可以发脾气，妈妈不会因此而不爱你，但你要学会控制自己的脾气。

如何培养情绪稳定的男孩

01

养育男孩的过程中，你有没有遇到过以下这些行为：

一言不合就打人、摔东西；只要没满足他的要求，就躺在地上打滚、哭着闹着不肯走；一点就炸，根本没有办法跟他好好说话……

我邻居家的儿子小光就是如此。

这孩子从小冲动、易怒，但因为学习成绩优异，父母虽然无奈，大多数时候还是选择了妥协，由着儿子去了。

如今，小光 985 名校毕业，一度是我们大院最有出息的小孩，结果如今毕业三年，换了数十个工作，没有一家能干到超过半年。因为他脾气暴躁，一点小事都能吵上头，在和同事的沟通中时常会大发雷霆，甚至稍有不顺就开始翻脸。最后，小光只能宅在家里啃老创业，隔着一整个楼道，我们都能听见他们家三天两头爆发出的争吵声。

说起儿子，小光的妈妈再也不像从前那样一脸骄傲，而是后悔不已，恨自己当初为什么没有教孩子控制情绪、化解矛盾。

科学研究表明，由于男孩大脑中控制冲动的部分发育迟缓，缺乏自控力，更容易对外界的刺激产生强烈反应。男孩和别人起冲突后，的确更倾向于用拳头解决问题。2007 年美国司法部的调查结果显示，所有犯罪人员中，男性占比 75.6%，女性仅为 20.1%[1]，男性的犯罪率是女性的 3 倍以上；我国也有数据显示，2015 至 2016 年，男性被告人与女性被告人的比例为 97 ∶ 3，男性被告人人数远远多于女性。

作为一位妈妈，看到这些触目惊心的数字，我不禁感叹：从小教孩子控制情绪、化解矛盾，是多么重要的一件事啊！如果男孩小时候父母不教会他如何管理情绪，长大后，他可能就会被情绪所左右，最终酿成无可挽回的后果。

---

[1] 剩下的一部分是受害者无法辨别其性别。

02

都说“冲动是魔鬼”，一个情绪失控的男孩，就像是一颗行走的定时炸弹。

正如绘本《生气的亚瑟》中所描述的那样：当亚瑟对妈妈说“我要生气了”时，妈妈正忙着收拾厨房，便随口敷衍道：“那就生气吧。”

没想到，亚瑟的怒火一发不可收拾：他变成了闪电，把房间里的东西都劈得七零八落；又变成了狂风，掀翻屋顶，吹走路灯、广告牌和小汽车，让整条街都变得混乱不堪；他甚至震碎了地球，让宇宙爆炸……

作家罗纳德博士曾说：“暴风雨般的愤怒，持续时间往往不超过 12 秒，爆发时会摧毁一切。然而，倘若控制好这 12 秒，排解掉负面情绪，换来的就是风平浪静。”可多少人却等不及这 12 秒，最终让愤怒吞噬了自己的理智。

而那些不懂得如何管理情绪的男孩，轻者，为身边的人制造不必要的麻烦；重者，还会伤人伤己，危及自己的生命。情绪不稳定的人，心中随时随地都能腾起一股怒火，吞噬一切的美好和幸福。

03

一念天堂，一念地狱，这些被情绪裹挟着的孩子，都在一念之间，在那一瞬间，愤怒的情绪朝着他们汹涌而来，可孩子自己却毫无招架之力。

英国 Nurture 纪录片频道曾做过这样一项实验：节目组邀请了 10 个十一二岁的男孩去一栋食物、玩具、纸笔充足的房子内，度过没有大人干预和照顾的 5 天。

从第二天起，矛盾和冲突就接连发生，到了第三天，房间里的男孩就分成了两派："安静派"进入小房间，"吵闹派"则入住大房间。然而，到了睡觉时间，大房间的男孩们却不断去骚扰小房间的男孩们。这时，"战争"一触即发：推搡、踹门、掀被子……

这两派男孩们，只要对方一开门，就用弹珠打对方的脸，厨房的番茄酱、爆米花、饮料瓶都成了击打对方的"武器"。总之，无所事事的男孩们经常是一言不合就"开战"。

看完这部纪录片，很多人都说，男孩果然更"暴力"，但其实，这是由男孩独特的生理构造所决定的。人的大脑中有一个区域，叫作前额叶皮层，这一区域主要负责长远计划、理性决策、冲动控制和情绪调节等，而青春期的男孩前额叶皮层往往尚未发育成熟。这就导致男孩往往更冲动、易怒，起冲突后也更容易产生攻击性。

另外，美国北科罗拉多大学的心理学家还发现：相对于男性，女性不仅能更快、更精准地识别出各种情绪，而且还能识别出近似表情之间的微妙差异，也就是说，天生不擅长识别、表达情绪的男孩，还可能因为“直来直去”进一步激化矛盾，致暴力再次升级。从小就教男孩控制情绪，这不仅是给别人留下余地，也是为男孩自己留下一条退路。

作为妈妈，我自然不愿意看见我的孩子受一点伤害，但同时，我也不希望孩子遇见任何事的第一反应都是“打回去”，毕竟，他的未来还有那么长，没有人能保证他次次都“打赢”。

每个男孩的一生都需要这两种能力：好好说话的能力和情绪稳定的能力。我们爱我们的男孩，但我们却注定无法庇佑他的一生。往后余生，那些我们照顾不到的地方，势必会有矛盾、有冲突，有独属于孩子自己的难题，这些是我们谁都控制不了的。

“父母之爱子，则为之计深远。”我们要做的，就是教会男孩控制情绪，控制他人生中能够掌控的那些部分。我们要教他正确表达自己的情绪，不随意发泄自己的负能量，懂得与情绪和平共处。只有当男孩学会控制自己的情绪时，他才能控制好自己的人生。

【妈妈养育心法】

男孩天生易冲动，特别是到了青春期前后，身体和心理上会发生巨大的变化，有时就像一颗随时随地会爆炸的炸弹。下面3个公式，能够帮助妈妈们教会男孩“好好生气”。

- “我感到 + 我希望”，表达感受和诉求。比如，儿子因为玩具被同学弄坏了而闷闷不乐。这时，你就可以引导他说出感受和诉求。“我感到很生气，× × 不经过我同意就玩我的奥特曼，还把奥特曼的手臂都弄坏了，我希望他赔我一个。”让男孩用语言把情绪说出来的过程，其实就是帮助他从情绪脑发烧的状态，慢慢回到理智脑冷静的状态。
- “肯定 + 释放”，合理处理坏情绪。男孩生气时，我们不妨先肯定他的坏情绪，让他知道自己的坏情绪可以被接纳，然后慢慢引导他把坏情绪都释放出来，比如，听音乐，打枕头，到楼下跑一跑，对大树喊一喊……学会把坏情绪发泄出来，男孩才能更好地修复情绪。
- “我觉得 + 你觉得”，寻找解决方法。比如，我们可以说：“我觉得你可以告诉 × ×，那是你心爱的奥特曼，现在被他弄坏了，你难过又生气，他需要向你道歉，并保证没有下一次，你觉得呢？”我们要先提出合理的解决方案给男孩参考，但又不能强迫他同意，一句“你觉得呢”就表示了尊重，这样他就更愿意接受我们的方案。当男孩习惯用冷静的方法表达愤怒后，自然而然就会慢慢学会控制好情绪。

第5章

学习提升心法

一旦拥有了自驱力，男孩会势不可当

破解“男孩成绩总是不如女孩”问题的秘诀

“现在的女孩子都很厉害，学习能力比男孩子真是不知道要强多少啊……”轩轩妈最近已经不止一次在家长群里发出这样的感慨。特别是陪着孩子上网课期间，她对“女强男弱”有了更直观的体会：直播答题时，女孩子逻辑强、反应快、能说会道，答起题来有理有据，拟人、比喻、排比等修辞手法更是手到擒来；而男孩子，经常反应慢半拍不说，难得抢到答题机会后，结果表现往往也不好。

太让人焦虑了！

其他家长在群里宽慰她，小学学的都是感性思维的东西，女孩子强点正常；到了初中，逻辑思维的东西多了，男孩就会反超了……

然而事实可能真不乐观，上海一个中小学生的成绩调查显示，不管是小学，还是初高中，女生每科的平均成绩几乎都高于男生的，连数理化都不例外。教育部的数据显示，2004年到2015年，小学和初中男女生比例与全国人口性别比基本一致，到了高中，女生则开始逆袭，全国高中和大学的女生占比，有明显增加。2018年的教育部统计数据显示，全国本专科生一共7909931人，其中女生4522225人，占比高达57.17%，而且近几年各国大学的男女总比都出现了“阴盛阳衰”的现象，这也从侧面印证了“男孩读书不如女孩”的观点。

究竟是什么原因导致了这种现象的出现？近几年的脑科学研究指出：男孩子的先天阅读弱势，可能是造成男孩学业不如女孩的关键。

01

澳大利亚著名家庭问题专家史蒂夫·比达尔夫在他的《养育男孩》一书中，详细介绍了男孩大脑发育的特点，他指出：负责语言和逻辑的左脑，男孩明显要比女孩发育得晚，随之引起的结果就是，男孩大脑里负责专门处理文字信息的“文字盒子区”就会相对弱一些。

可别小看这个“文字盒子区”，法国认知神经科学家斯坦尼斯拉斯·德阿纳（也翻译为斯坦尼斯拉斯·迪昂）研究团队通过脑磁图对比发现，“文字盒子区”的强弱是决定一个人阅读和文字理解能力高低的关键。如果说我们看到的文字是静止的平面图画，那么“文字盒子区”

的功能就是将这些没有生命的文字转换成动态的 3D 实物，所以，这个“文字盒子区”越成熟，孩子对文字信息的提取和加工就越准确到位，对文字的感知和思考也就越深刻。

小学语文练习中有一道题目，要求根据课文画一幅能表现赵州桥特点的草图，并写下自己的设计感言，结果不少男孩答题时，都啼笑皆非地理解成，画小草并发表对小草的感言……像这样在做题时审题不清、答非所问、词不达意的情况，是不少男孩的通病，不少家长将其归为男孩比较粗心大意。其实从科学角度讲，这是因为男孩大脑还未发展成为“阅读脑”，他的“文字盒子区”还不够强大。

不过好消息是，任何一个孩子都可以通过大量的阅读把自己的大脑改造成优秀的“阅读脑”。随着长期的大量阅读，大脑中神经元之间的连接会不断被激活和强化。“文字盒子区”受到的刺激越多，也就会越成熟、越壮大。

02

讲到阅读兴趣的培养，很多男孩家长就会发愁，家长们普遍认为男孩生性爱动，坐不住，静不下心来阅读。为了提升男孩的阅读能力，家长们甚至病急乱投医，比如，在“量子波动速读培训”骗局中，记者就发现参加培训的男孩数量要远超过女孩。

家长们常会担心男孩过于沉迷于那些和学习无关的课外书籍，比如漫画书，认为它可能会影响男孩的学业表现。例如，钱学森的儿子钱永刚就曾分享过自己的经历。小时候，他因为阅读课外书籍而减少了复习课本的时间，结果考试成绩不理想，被老师叫去谈话。钱永刚回家后，向父亲钱学森表达了他的困扰：他不想为了追求高分而牺牲阅读课外书的乐趣。钱学森并没有责备他，而是微笑着表示了理解，没有批评儿子的选择。

在钱学森的教育理念里，孩子在基础教育阶段，要尽可能多看书，包括课外书。钱永刚在父亲的包容和支持下，最终做到了学业和课外阅读两不误，打破了人们"男孩就不爱读书"的刻板印象。允许和鼓励孩子阅读课外书，是许多父母要做的第一个改变。

当然，男孩由于受到激素、神经系统和心理特性的影响，以及倾向于"空间、机械"的大脑结构，通常只会对那些吸引他们的书籍感兴趣。因此，为了培养男孩的阅读兴趣并激发其阅读潜能，我们需要根据他们的身心特点来挑选书籍。选择科技类、冒险类、体育传记类等书籍，可以吸引他们的注意，让他们自然而然地喜欢上阅读。只要选择了合适的书籍，你会发现男孩也会乐于安静地沉浸在书海中，享受阅读带来的乐趣。

03

除了挑对书籍，培养阅读兴趣，为了让男孩形成优质的“阅读脑”，我们还可以从以下几个方面入手。

1. 发展男孩的精细动作，帮他提升文字记忆能力

调查发现，男孩的文字记忆能力普遍没有女孩好。一方面，这是因为女孩大脑中的颞叶更早拥有强大的神经连接，因而感知记忆存储能力和听力要好于同龄男孩；另一方面，男孩精细动作的发育落后于女孩，也是影响男孩抄写和记忆生字的一大因素。

看男孩写字，首先，光是握笔的姿势就让人感觉到累；其次，男孩写出的字，也非常考验我们的想象力和辨认能力。精细动作发育落后使男孩在文字和英文词汇的学习与记忆上受到限制，阅读上自然也会容易受挫。所以，有意识地多对男孩进行精细动作训练，将大大提高他们握笔、写字和记忆字词的能力，进而提升阅读力和学习力。

2. 加强交流输出，提升男孩阅读兴趣

在英国纪录片《北鼻异想世界》里，科学家们通过研究发现，孩子对外的交流输出越多，词汇量增长就越多。很明显，喜欢说话与交流的孩子在词汇的增长速度和增长数量上的表现要远远好于其他孩子。同时，英国的研究人

员发现，在日常的教学活动中，布置读后感交流的学习任务后，那些平时阅读能力较低的男生，因为对阅读体验分享的期待，阅读热情得到了大大提高。

所以，多鼓励男孩将自己阅读的内容和收获与大人或同龄小伙伴分享，将大大提升他们的阅读思考能力与阅读兴趣，并促进他们口语表达和写作能力的提高。

3. 亲子共读引导，培养男孩共情能力

麻省理工学院、哈佛大学、宾夕法尼亚大学在波士顿地区展开的一项合作研究发现，父母与孩子的交流互动，可以大大增强孩子大脑中语言相关区域的活动。相较于男孩，女孩大脑中负责表达和处理复杂情感的区域更发达。研究发现，女孩在三五岁的时候，就已经具备理解和感受别人情感的能力，所以在阅读时，女孩能更好地理解作者字里行间流露出的情感，对文章有更深刻的印象和认识。

针对同理心比较弱的男孩，父母需要有意识地进行故事、小说类的亲子共读活动，引导男孩将书中的人物、情节与男孩自身经历进行关联，这不仅可以增强男孩大脑中负责语言处理、故事理解、感知觉等的脑区的神经元连接，还能培养男孩的共情能力。

04

男孩小时候，成绩和表现不如女孩时，作为妈妈，我们要多积累一些科学的认识，不要急着训斥和“修理”男孩，要学会包容和理解，学会科学引导，帮我们的男孩补上短板，这样才能让男孩在学习的道路上不掉队。也只有这样，男孩在未来才有机会发挥出视觉、空间、运动、逻辑等方面的优势。

愿每个男孩都能得到父母的理解和支持，早日打造出优质的“阅读脑”，在学习的道路上闪亮发光。

【妈妈养育心法】

养育男孩，妈妈们要做到“男女有别”，与其强行改变男孩的行为模式，不如改变自己的教育模式，帮助他们提高学习成绩：

- 根据男孩的学习特点和兴趣，提供个性化的学习计划和辅导。比如，通过有趣的活动和小实验，激发男孩对学习的兴趣。
- 给予男孩更多的鼓励和支持，帮助他们建立自信，更好地面对学习上的挑战。
- 在男孩小的时候，有意识地教导男孩如何制订学习计划、如何高效学习，并培养他们的自我管理能力。

开窍晚的男孩，如何考出好成绩

前几天，我在逛街时偶遇了一位久未见面的前同事。简短的交谈中，我察觉到她的话语中充满了忧虑。进一步询问后，我了解到她儿子中考失利了。她的儿子就读于我们本地的重点中学，平时的成绩稳定在班级前 20 名左右，本应能够轻松应对中考。然而，由于马虎，他在数学考试中错答了两道大题；在语文考试中，由于审题不准确，满分 50 分的作文只得了 28 分；就连他最擅长的物理，也因为心态问题而未能完成所有题目。

考试结束后，男孩把自己关在房间里，大哭了一场。我的这位前同事预感不妙，分数公布后，她的担忧变成了现实：儿子不仅没能考上重点高中，连普通高中能否被录取都成问题。她告诉我，尽管儿子文科稍弱，但老师曾评价他理科天赋异禀，反应敏捷。她原本期待儿子上了高中后能充分发挥自己的优势，却没想到中考竟然败在了这些平常未被重视的细节上。如今，她担心儿子不仅无法在高中展示才华，甚至能否继续升学都成了问题。

与这位朋友的交谈让我这个三年级男孩的妈妈，一晚上都无法入眠。

01

你们有没有发现，身边那些担心孩子成绩和学习的父母，男生家长占绝大多数。这种情况并非空穴来风，一般来说，上课走神、插科打诨、如坐针毡的，肯定是男孩；一写作文就头疼、背个课文难如登天的，也是男孩；而写个作业磨磨叽叽、字迹潦草，算个题马马虎虎、从来不检查的，还是男孩。

我闺蜜就曾跟我抱怨：她儿子今年上五年级，每天放学回来都要先看一小时电视，三催四请才能去写作业，隔不了 10 分钟就要找借口出来溜达一圈，她看一眼儿子的作业血压都会飙升；上三年级的妹妹呢，根本不用她催就自觉开始写作业，每次作业都工工整整、无可挑剔。

相比女孩，男孩就像一只没开窍的皮猴子，这能不让人担心吗？近几年中考题目整体偏简单，一旦题目区分度小，那么就要比细心、比记忆力、比答题的完整度，男孩就更吃亏了。更重要的是，男孩一到青春期，自制力还特别差，好动、贪玩、喜欢看电视和打游戏……简直是男孩的通病。一位当班主任的朋友和我说，她班上有个男孩，聪明伶俐，成绩一直不错，但初二一个暑假，迷上了手机游戏，回来之后，这个男孩完全变了，上课注意力不集中，整个人恍恍惚惚，成绩也是一落千丈。最后他的中考成绩惨不忍睹，被分流至当地一所职业学校读高中。

02

当然，关于男孩开窍晚这事，也不能全怪他们，主要是由他们大脑的发育情况决定的。

首先，男孩大脑的发育比女孩晚，而负责语言和逻辑的左脑的发育更是晚上加晚，特别是在语言、逻辑、精细动作等方面，全都慢半拍，所以男孩做作业慢、粗心大意，且在书写、背诵、语言表达、阅读理解能力等方面普遍不如女孩。

其次，男孩的大脑额叶也比女孩发育得慢，所以男孩遇事容易冲动，情绪波动也很大，自制力也会差一些，而且男孩血液中多巴胺的分泌量要比女孩多，所以男孩比女孩的精力更旺盛，在课堂上，女孩即使不爱听，也会安安静静地坐着，而男孩却东张西望、上蹿下跳。

纪录片《成长的秘密生活·最是少年时》中就曾指出：因为男女大脑的差异，在成长的道路上，女孩会很快“抢先”，所以，一般在小学和初中阶段，女孩更容易成为班里的好学生。我的老师朋友曾说，她带的初中班级里，初一的时候前 10 名只有 2 名是男生，女生几乎常年盘踞前 3 名，而那些成绩欠佳的“学渣”中，男孩的数量似乎更多。

男孩虽然开窍晚，但是后劲一般比较大。宾夕法尼亚大学的 Raquel Gur 教授在研究中发现，男孩在大约 13 岁后大脑的模块性发展显著加快，他认为这代表着男孩的大脑开始重组和优化了。

我一位前辈的儿子，当年上初中的时候，还在班级倒数的名次里徘徊，但自从上了高中，就仿佛被打通了任督二脉，一路奋起直追，最后顺利考上了一所还不错的 985 高校。

03

实际上，勤能补拙，再不开窍的男孩，也抵不过家长的上心和自己后天的努力。那些看上去优秀耀眼的男孩，背后少不了父母的用心陪伴、持续监督、严厉管教。

针对男孩的弱点，我建议男孩父母在小学阶段就做好这 5 件事。

1. 培养阅读兴趣

看过近些年的中考题的父母应该都知道，中考对学生阅读理解能力的要求很高，阅读能力不高的孩子不仅语文拿不了高分，政治、历史，甚至需要读懂题意的数学的成绩也会受影响。想要培养男孩的阅读能力，一定要从小一点一滴地进行积累。兴趣是最好的老师，热爱是最大的动力，不要逼男孩去读那些晦涩难懂的名著，先让他从感兴趣的书籍开始。父母自己也要放下手机，多营造阅读氛围，做好榜样。男孩的阅读兴趣一旦培养起来，不仅对未来理解考试题目有益，更会受益终身。

2．找到适合男孩的学习方式

同样是背课文，女孩可能 15 分钟就搞定了，男孩用了半小时却还是磕磕巴巴。脑科学研究证实，比起单调的语言刺激，男孩更容易接受图表、图像乃至运动物体的刺激。所以如果你觉得男孩背得慢，可能是他没用对方法。父母可以尝试这样做：背古诗时，引导他闭上眼睛，想象出一幅画面来；让男孩参与讨论，营造活跃的学习氛围；教男孩时，可以在活动中安排更多的动手实践，玩更多游戏。

方法找对了，男孩的学习自然会事半功倍。

3．练就平稳的心态

男孩相比女孩，发育迟缓，心理承受力和成熟度比女孩也弱一些。尤其像中考这种大型考试，很多时候靠的都是临场发挥和心态。所以，想要帮助男孩练就一颗强大的心脏，父母从小就要营造一个松弛的家庭环境：在他考砸时，不苛责他，给他满满的爱和接纳；在他做事情失败时，及时安慰他，教他乐观面对人生输赢。这样他才不会因为一时的失败而情绪失控，时刻保持平常心。

4. 养成良好的学习习惯

很多家长都说过这样的话："我儿子其实挺聪明，他就是马虎。""他其实这道题会做，就是前面答题太慢，后来没写完。""这个知识点他背过，但就是考试时忘了。"……

其实，像答题慢、粗心大意、记性差等毛病，归根到底就是知识不够扎实，没有养成好的学习习惯。所以，从小让男孩养成好的学习习惯，打好基础至关重要，比如，自觉写作业的习惯、做好规划的习惯、独立思考的习惯、经常检查的习惯，预习和复习的习惯……父母一定要趁早培养男孩的学习习惯，让他戒掉行为和思想上的懒惰，这样他才能自觉学习，不断进步。

5. 增强自信心

在上高中以前，女孩的优异表现，会刺痛很多男孩的自尊心，很容易使其产生自卑的心理。想要培养男孩的自信，父母可以引导男孩去做一些他擅长的事情：允许他去冒险；支持他的兴趣爱好；鼓励他参加一些竞技类的运动，比如爬山、游泳、打球、骑车等。自信的男孩才更有目标感，在面对困难的时候才能做到迎难而上。

04

父母养育男孩的过程总是充满了焦虑和挑战。只有了解男孩的成长规律，用更科学、更适合的方式来教育男孩，才能事半功倍。愿每对父母都能耐心等待、用心引导、认真浇灌，相信总有一天，我们的男孩会开花结果，惊艳四座。

【妈妈养育心法】

想要男孩学习有后劲，很多事就要在小学甚至更早打下基础。妈妈更重视什么，做了什么，或者没做什么，当时可能不觉得有什么影响，时间拉长到 5 年、10 年后，就会看到结果。

- 培养阅读兴趣。妈妈可以从男孩的兴趣出发，为他挑选一些喜欢阅读的书籍，不必限定阅读的类型，从简单的故事开始，逐步引导男孩在书籍的海洋里找到属于自己的宝藏。
- 找到适合男孩的学习方式。了解男孩与女孩在大脑发育上的差异，和男孩一起探索适合自己的学习方式，走出困境。
- 练就稳定的心态。尽早对男孩进行试错教育，可以通过游戏为他建立正确的输赢观念，让他在遇到挫折后，能够以更加理智的方式和积极的心态面对。
- 养成良好的学习习惯。从小督促男孩养成不拖延、有计划、适度使用电子产品等习惯，懂得自主学习。
- 增强自信心。平日里，不要吝啬自己的鼓励，可以多跟男孩说："我知道这很难，但这只是暂时的。""妈妈看到你的努力了。""失败了也没有关系，我们再试一次。”“不管怎么样，我永远爱你。”……

爱运动的男孩成绩都不会太差

每个男孩的求学之路就像是一场漫长而艰辛的长跑，而高考就像是最后的冲刺线。决定一个男孩初中和高中阶段能否过好、奠定往后人生基调的，不是别的，正是运动。

01

不知道大家有没有发现一件事？凡是身边那些“学霸”，以及出类拔萃的人，都特别热爱运动。调查结果显示，2016 年统计的全国 63 名“状元”中，有 34 位喜欢体育运动；2017 年调查的 42 名“状元”中，24 人爱好运动。

李玫瑾教授也说过：“那些操场上特别活跃的孩子，

一般学习也特别优秀。”这不禁让人好奇，运动到底有什么魔力，竟然可以直接影响孩子的成绩？其实，人在运动的时候会分泌多巴胺、血清素（5- 羟色胺）和肾上腺素，而这 3 种神经递质都对学习有影响。其中，多巴胺可让人感到快乐，保持亢奋的学习状态；血清素可以释放压力，提高记忆力；肾上腺素则可以提高专注力，让人上课更专心。

由美国国立卫生研究院发起的，哈佛大学、耶鲁大学、加州大学、康奈尔大学主导的“人类脑计划”曾在研究中发现：坚持运动可以明显增加大脑神经纤维、树突、突触的数量，促进大脑的发育，提高记忆力。

哈佛医学院教授瑞迪在经过多年的跟踪调查与大量研究后也发现：运动的更重要意义在于能够健脑。他还将大脑与运动的关系，详细著于《运动改造大脑》一书中，而这本书后来被重印了多次，成为风靡全球的革命性读物。这也验证了当代脑科学研究公认的理论：运动给孩子的身体提供了独一无二的刺激，而这种刺激为大脑创造了一种环境，使大脑能够更好地去运作、学习，也就是说，那些经常在操场上奔跑、肆意挥洒汗水的孩子，他们的大脑正在悄悄发生着惊人的变化——会越来越“聪明”。这也是为什么那些喜欢运动的孩子，总是看上去神采奕奕、思维活跃、注意力集中。

02

记得我小的时候，邻居家有个男孩，从小成绩特别优秀，在别的孩子还在疯玩的年纪，他却总是放学后就乖乖回家写作业，一度成为“全小区孩子的学习楷模”。后来高中的时候，男孩生了一场大病，休息了一个月，病好之后的第一次期中测试，男孩的成绩直接滑落到了 30 名开外。突如其来的失败，以及父母的抱怨，直接摧毁了他一直以来的信心，此后他一蹶不振，厌学、逃课、轻度抑郁，高三时还因为过度焦虑不得不休学，连高考都没有参加，实在令人扼腕叹息。这个男孩我曾经也见过几次，总是沉默寡言，出门几乎不是去上学就是去补课，一副瘦弱不堪的模样。

弱不禁风的身体，永远培养不出坚韧、有活力的灵魂，更撑不起一个男孩的未来。中国心理卫生协会儿童心理卫生专业委员会副主任委员郑毅教授在其著作中指出：中国的中小学生有三分之一、大学生有四分之一都具有不同程度的心理障碍。这个数字让很多父母忧心忡忡。其实，现在的孩子心理问题频发，变得脆弱敏感，遭受到一点点打击就容易一蹶不振，很重要的一点，就是因为他们常常被关在钢筋水泥的室内学习，一边面临着极大的学习压力，一边又极度缺少运动、缺乏释放的出口。

早年间，南京理工大学动商研究中心发布过一篇文章，叫《学生自杀频发，体育生却是个例外》，文中提到：体育运动对学生本身就是一种挫折教育，不仅可以锻炼学生的身体，更重要的是对人的意志、精神方面的锻炼。

我曾看过一个知乎博主分享的自己的亲身经历。他刚上高一的时候身型矮小偏胖，整个人自卑又敏感，几乎没有朋友，加上进入新的环境很难适应，学习压力又很大，整个人状态非常糟糕，晚上经常失眠。一次期中测试过后，他连最拿手的语文都考砸了，难过得一整天都吃不下饭。父亲发现了他的异样，主动找他谈心，得知他压力太大，便主动带他去爬山，还约定每天清晨两人一起外出跑步半小时，他惊奇地发现，每次跑完步，他的心情总是格外舒畅，仿佛身体的疲惫和淤积的坏情绪都随着汗水流淌了出去，学习也更专注了。坚持一段时间后，他身材苗条了不少，脸上有了朝气，整个人也开朗、自信了起来，渐渐和同学们打成了一片。后来，他一跑就是 3 年，每次学习上遇到挫折了都会出去跑几圈，让自己放松下来。正是运动不断地给他注入的信心和能量，让他高中 3 年的状态越来越好，最后考取了一所知名的 985 大学。

运动就是坏情绪的最好宣泄渠道，爱运动的孩子更乐观，抗压能力更强，内心也更强大。

03

我有一个发小，从小身体素质就比较差，因此他也不喜欢运动，每次体育课能逃就逃，宁愿在屋里上自习也不愿意出去动一动。其实他很聪明，成绩也好，高中几年一直名列前茅，可是天公不作美，高考那几天他正好感冒，考试时脑子昏昏沉沉，最后只考进了一个普通的一本院校。进入职场之后，他因为身体总出状况隔三差五地请假，很难在工作上全力以赴，更是连续错失了几次晋升机会。现在每次聚会时，他总会懊悔自己小时候没有好好运动，练就一个强健的身体。

近些年各地体育中考分值的增加，更是印证了这个道理：孩子的未来，短期来看拼的是学习，可是往往到最后，拼的却是体力。没有运动带来的强健身体，学习再多的知识都无用武之地；没有运动帮孩子释放压力，我们的孩子只会成为一个脆弱的学习机器。因为未来的社会竞争异常激烈，如果我们的孩子不能保持良好的状态、充沛的精力，很容易就会被社会无情淘汰。

说到底，未来走得最稳、最远的，一定是那些坚持运动的孩子。

04

原北京大学校长王恩哥曾在上任时说过：“人这一生需要结交‘两个朋友’，一个是图书馆，另一个是运动场。”一个是充电、蓄电，另一个则是放电。只会充电的孩子，可能只能赢得一时；而学会了放电的孩子，才会在漫长的人生中逐渐升华，亲手点亮自己的未来。如果说父母给予了孩子生命，给孩子指明了前进的方向，那么对运动的热爱，则是每个父母都应该送给孩子的一份厚礼。

你要相信，那个满身活力、充满热忱的孩子，多年后，终会迎来一个精彩的人生。

【妈妈养育心法】

别再把我们的男孩关在室内了，他应该在温热的汗水中锤炼自己，加深对生活的理解，变得势不可当，坚不可摧。但在培养男孩运动习惯时，妈妈们也要遵循青少年生长发育的规律哦！

- 5 到 7 岁的男孩可以选择游泳这类不太剧烈的运动。
- 8 到 12 岁的男孩可以根据自己的兴趣和需求选择一些适合自己的运动类型，比如，以锻炼身体的灵敏性为主的乒乓球，以放松颈椎和脊椎为主的羽毛球，以提高身体的柔韧度为主的跳舞等。
- 12 到 18 岁的男孩在锻炼时，可以考虑一些需要与他人配合与协调的运动，比如，篮球、足球、排球等球类运动。

遵循这 7 个心理学法则，让男孩自觉自律

有一天晚上，我和表妹视频聊天，发现小外甥仍在学习。我说："不是已经放寒假了吗？怎么还这么用功？"妹妹叹气道："怕他假期玩太疯，我给他布置了一点作业：每天练字 1 页，做 100 道口算题。就这么点作业，我一大早就开始催，拖了一天他也没写完。现在该睡觉了，他想起来补作业……"

常听人说，假期是拉开孩子之间差距的关键时期。度过了放纵假期与自律假期的孩子，开学后的状态是截然不同的。尤其是男孩，他们的大脑前额叶发育慢，自制力不足，学习时很容易走神；再加上睾酮的原因，他们天性好动、坐不住，很难老老实实地坐在书桌前学习。

怎样让男孩保持专注、自觉主动学习呢？下面这 7 个心理学法则，相信会给深陷迷茫的你一些启发。

01

英国商人霍布森在卖马时，对前来挑选的客人提了一个条件：只许挑选最靠近门边的那匹，而他的马圈只有一个小门，高头大马根本出不去，能出去的都是又瘦又小的劣马，结果顾客精挑细选了很久，最后选的都是劣马。管理学上便将这种“没有选择余地”的挑选称之为“霍布森选择效应”。

教育孩子也是同理，如果家长只给孩子有限的选择，或者根本不给孩子选择的余地，比如，规定孩子每天必须刷多少道题、做多少套卷子，或者几点必须背单词、几点必须读古诗，那么势必会扼杀男孩的创造力和积极性。

自由的孩子才自觉。不如给他一个可选择的宽松氛围，家长可以划定学习范围，让孩子选择自己感兴趣的学习方式，或读书，或做题，或巩固错题。家长也可以让孩子针对自己的薄弱之处自行安排学习方式，不强行规定学习量、学习时长。

习惯的养成固然需要家长的监督，但给孩子更多可选择的机会，他才能对自己的选择负责，而后反思、调整、改进，逐渐变“他律”为“自律”。

02

美国心理学家斯金纳发现：动物为了达到某种目的，会用一定的行为作用于环境，当行为的结果反馈是有利的时，它就会重复这种行为。反之，不利行为就会减弱或消失。自律的本质在于习惯的养成。好习惯的养成，就在于让孩子认为重复是“有利的”，愿意主动重复这个行为。学习是一件枯燥的事，男孩未必有耐心反复重复一件事，但若让他尝到一些“甜头”，一切就会不同了。比如：你可以在他按时完成作业、没有磨蹭时，奖励他一颗小星星以示鼓励；在他早早起床读书、没有睡懒觉时，及时表扬他的勤快；在他不用督促就自觉学习时，鼓励他再接再厉；当男孩实现了一个阶段性目标，给他一个大大的奖励……

人类天生喜欢被表扬，尤其是孩子，更渴望得到父母的支持，你赞扬孩子的自律行为，孩子就会如你所愿，不断重复这个行为。21 天之后（根据 21 天效应），男孩在不知不觉中就养成了自律的好习惯。

03

狼是好奇心非常强的动物，只要能捕获到猎物，任何捕猎技能它都会去探索一番，不达目的誓不罢休。其实孩子就像狼一样，对世界有着天然的好奇心，男孩更是如此：无论是毛毛虫变成了会飞的蝴蝶，还是花朵遇到酸碱会变色，抑或是每晚的月亮形状不同，都要追问个为什么。

保护男孩的好奇心，就是保护他对世界的求知欲，保护他主动学习的源动力。当学习只是为了考试、攀比成绩时，家长不允许男孩做与学习无关的探索，他对世界的好奇心便会大打折扣。

有远见的家长不强求男孩考 100 分，而是帮男孩发现语文和数学在生活中的运用，陪他探索遇酸碱会变色背后的秘密，引导男孩探索更多的未知。家长与其强求男孩死记硬背，惹得彼此生厌，不如保护好男孩对世界的好奇心。

04

法国作家拉·封丹写过一个寓言故事。北风和南风比赛谁能脱掉行人的大衣。北风呼啸，寒风刺骨，行人反而把大衣裹得更紧了；南风徐徐，温暖宜人，行人觉得暖和便脱掉了大衣，最终南风赢得了胜利。

受大脑发育情况和睾酮影响，男孩攻击性强，天生叛逆。当他犯错后，父母若像“北风”一样冷酷，对他动辄训斥、批评，就容易激起他的逆反心理，反而越难驯服他，让他抗拒改变。相反，父母若像“南风”一样温暖，对他说话温柔一些、宽容一些、耐心一些，他会变得温顺起来，愿意配合大人。所以，想要一个男孩自律，就要允许他犯错，因为真正的自律源于男孩发自内心想要变好的意愿，源于他想要对自己负责。如果不许男孩犯错，他所有的注意力就用在和父母对抗上了，反而不利于问题的解决。一个自律的男孩不是从未犯过错误，而是犯错后仍有改正的自信，父母的爱与温暖就是他最大的底气。

05

教育家卢梭认为，孩子出现行为问题时，父母不要一味地批评和说教，而是要让他自己承受不良行为的后果，从中感到痛苦，而后汲取教训，自省改过。

在教育男孩的过程中，家长一定要让他尝到“自作自受”的苦，这样他才能从各种错误中汲取教训，学会对自己的行为负责。比如，当男孩写作业磨蹭时，家长千万别唠叨，也别插手，等到第二天被老师批评时，他就知道没写完作业的后果了；当男孩早上不起床、起床后又磨磨蹭蹭的时候，家长千万别催他，让他迟到一次，他就懂得早睡早起了；当男孩的玩具乱丢乱放，找不到的时候，家长千万别替他找，这样他才能懂得要摆放有序了……总之，孩子身体力行的体验，远比家长的说教更有用。

从这个意义上来说，痛苦对男孩来说不完全是一件坏事，至少能帮助男孩成长。毕竟，自我约束的行为往往归因于自己所受到的教训，而不是他人的唠叨。家长舍得让男孩体验不良行为的代价，他才会发自内心地警醒。

06

心理学家罗森塔尔从一所小学中选了一个班级进行“未来发展趋势测试”，然后将一份“最有发展前途”的名单交给了老师。8 个月后，名单上的学生进步神速，不但成绩更优秀，而且性格也变得更开朗自信了，连社交情况也有明显好转。而那份名单是他随手写了交给老师的，老师便有意无意地对名单上的学生表现出高期望、高鼓励，反过来，这些学生便给了老师更积极的反馈，这又激起老师更大的热情，由此形成了良性循环，学生各方面都向着老师鼓励的方向靠拢，越来越优秀。

这个测试说明：大人的期望和鼓励会重塑一个男孩的命运。父母可以适时地向男孩传达“其实你特别优秀、特别自觉”的信息，男孩不知不觉就会向这个形象靠拢，好证明你所言不虚、他配得上父母的期望；相反，如果父母总觉得自己的儿子不自觉、被催着才行动，他就会坐实父母的糟糕评价，不自觉给人看。

鼓励是让一个男孩变好的最简单方式，不吝鼓励的家庭更能培养出优秀的男孩。

07

男孩罗伯特在一次作文课上描绘了自己的梦想：未来拥有一个 200 亩的大牧场，随时能在里面策马奔腾。老师却觉得这个梦想不切实际，给他打了最低分，爸爸也让他重写一篇作文。罗伯特却拒绝了，他坚信自己能实现梦想，因此向着目标不断努力，多年以后，他果然实现了自己的梦想。

梦想、目标是孩子变好的内驱力，在实现的过程中即使遇到再大的困难孩子也会积极克服。所以，当你的孩子说起他的梦想时，无论多荒诞都不要泼冷水，而是力所能及地提供帮助。如果孩子没有梦想，平常可以关注他的兴趣爱好，有意识地强化，引导他放飞想象的翅膀，拥有属于自己的梦想。父母平常也可以跟孩子谈谈自己的梦想、抱负，让他明白为自己的梦想而努力是一件多么有意义的事。

有梦要追的孩子，自律性都不会太差。

08

英国教育家斯宾塞在《教育论》中指出：记住你的管教目的应该是培养一个能够自我管理的人，而不仅仅是为了让他人来管理。

未来最有出息的孩子，不一定是智商最高的，而是凡事主动自觉的孩子，主动自觉这一特质能让孩子从碌碌无为的平庸之辈中脱颖而出，让他即使面对困难也勇于克服。

【妈妈养育心法】

拖延、享受、偷懒是人的天性，自制力不足的男孩更是难以克服。学一些心理学法则，能帮助妈妈更好地了解男孩的心理、从容应对男孩的不足。

- 霍布森选择效应：给男孩更多可选择的机会，他才能对自己的选择负责，逐渐从“他律”变为“自律”。
- 强化定律：多赞扬男孩的自律行为，他就会不断重复这个行为。
- 狼性法则：与其强求男孩死记硬背，不如保护好男孩对世界天生的好奇心。
- 南风效应：想要一个男孩习得自律，就要允许他犯错。
- 自然惩罚法则：少说教，让男孩自己尝尝“自作自受”的苦，他才能吸取教训，学会对自己的行为负责。
- 罗森塔尔效应：鼓励男孩成为更自律的自己。
- 梦想法则：心中有梦想的男孩，才会越来越自律。

这样做让男孩积极主动写作业

在某综艺节目里，有两个性格迥异的小男孩：腾腾和凯凯。他们都上一年级，都是 7 岁，成绩都很优秀，但性格差别却很大：一个积极阳光，多才多艺，做任何事都乐在其中；一个自卑、纠结、口是心非，连跟同学相处都成问题。他们背后的家庭教育，很值得我们深思。

01

节目中，腾腾一开场就笑眯眯地自我介绍：“我喜欢音乐，有的时候会编歌，自己唱给自己听。我还会弹尤克里里，弹钢琴，敲架子鼓。我特别喜欢写作业。”他声音洪亮，语言表达清晰，说到“特别喜欢写作业”时，不由自主地笑了。

巧了，凯凯也喜欢写作业，他每天早上洗完脸、刷完牙，第一件事就是去做作业。他对妈妈说，自己的愿望是把新华书店的考卷全部买下来做完，可当老师问他喜不喜欢写作业时，他却说“不知道”，自我介绍时磕磕巴巴地说自己喜欢画画、街舞。

腾腾作业少，很快就写完了，然后开始朗读课文，声音洪亮，感情充沛，声音抑扬起伏，很有朝气。凯凯的作业很多，除了学校作业，还要完成妈妈布置的额外作业：两张黄冈考卷外加两篇阅读。他的家里还有人教版、教育局版、武汉版等各个版本的试卷等着他做。

作业量的不同，直接决定了两个孩子学习状态的不同：腾腾完成作业后，拿本书在旁边看，主动又自觉；凯凯额外作业多，还超纲，他做得很辛苦。看到别人写完作业去玩，凯凯就坐不住了，而且眼睛四处乱瞟，还得老师盯着才能专心写作业。

腾腾做任何事情都是“自觉、自愿、自发”。吃完饭后，其他同学追逐嬉闹，腾腾要么拿着平板计算机听英语，要么到钢琴房练琴，曲调婉转，神情陶醉，与很多哭着闹着、被逼着练琴的孩子状态完全不同；凯凯也很主动，他吃完饭就坐在书桌前，一边做卷子，一边听外面的同学在玩什么。看到这里，教育专家张敏忍不住对凯凯妈说：“你们的家庭教育，需要做一些调整。”

实际上，过量的作业会让孩子不断经历对学习的烦躁、恐惧、抗拒的心情，不断巩固这种错误的学习心态，很容易产生厌学心理。作业量的多少不仅影响孩子的学习状态，还影响性格。接下来的故事就扎心了。

02

集体活动时间，老师让同学们站好队，报数，其他同学大喊“Number one”“Number two”，连英语最差的同学也喊了一声“Number 4”，可轮到凯凯，他只是低头沉默，没有勇气喊出自己的号码，站在一旁的腾腾连连鼓励他，他也不敢。

自我介绍环节，每个人都用一两句话介绍了自己，腾腾还调皮地说：“我叫 ××× 大家都知道了，我喜欢交朋友，谢谢！”说完，他一个 90 度鞠躬，赢得所有同学的欢呼。凯凯连“我叫 ×××”这样简单的介绍都不肯说，所有老师和同学都围着他、鼓励他，酝酿了半天，他才憋出一句：“没名字。”惹得同学们哈哈大笑。

才艺表演环节，腾腾率先上场，唱了一首《风吹麦浪》，似乎跑调了，旁边小女生都听不下去了，可他依然唱得很开心、很享受。所有同学都开开心心地表演了自己的拿手节目，除了凯凯。无论老师怎么鼓励他、同学怎么为他加油，他都不肯表演，最后甚至背转过去不看舞台。大家都说“你哪怕到台上站一站呢”，他也不肯。

为什么呢？他说：“不去，不好，跳得不好看。”老师看过他的跳舞视频，觉得棒极了，可他就是觉得自己不行，老师只好放弃他，让其他同学进行街舞对决。腾腾仍然是第一个站出来的，律动感十足，表情也很开心，所有老师都夸他“全能、自信、厉害”。意想不到的是，表演结束后，同学们都被家长接走了，凯凯却偷偷来到老师房间的门口，嗫嚅地说：“我想表演。”

张敏一针见血地指出：“其实内向和外向都不是问题，性格没有好坏之分，但凯凯更多地表现出的不是内向，而是自卑。”因为自卑，所以没有勇气说出自己的名字；因为害怕得不到肯定，所以宁可不参加，也不要来一段“自我感觉糟糕”的才艺秀；因为怯懦，他连走向舞台的勇气都没有，眼睁睁地看着其他同学在自己擅长的领域争芳斗艳。腾腾沉浸在才艺秀中时，凯凯在跟自己的勇气撕扯。

03

凯凯类似的纠结还有很多。比如，知名钢琴家来到节目现场，凯凯明明很想与钢琴家互动，甚至几次三番放下作业去偷看，可当主持人为他引荐钢琴家时，他又扭扭捏捏地不敢见。即使钢琴家主动向他抛出橄榄枝，他也违心地拒绝了。他明明不喜欢妈妈布置的额外作业，却还是迎合妈妈的喜好，让妈妈假期“再给我买一些卷子”。

究竟是什么样的家庭环境，造就了凯凯这样别扭的性格？

真正令人窒息的，其实是凯凯妈妈的操作。孩子考不好，她就把他的书全撕掉，以做震慑；孩子考 92 分，她觉得一、二年级考 100 分才正常，剩下 8 分的差距要通过卷子来弥补，于是寒假便给他准备了 270 份考卷、7 本大题卷、50 页自打卷，合计 376 张卷子。孩子偷懒了，加一张卷；错题超过 3 道，再加一张；做得不仔细，再加一张，做到你仔细为止！

更让人心疼的是，为了避免凯凯“骄傲”，她天天打击孩子，说他这不好那不好，其他女孩和男孩都比他好。就算别人夸凯凯懂事，她也专挑他不好的地方说。一位嘉宾劝她不要拿自己的小孩跟人家比，她却说：“我最喜欢拿他跟别人比了。”嘉宾又问她：“那还有很多孩子不如他呢，你怎么不去比啊？”她说：“哎呀，咱们要跟好的比，不能跟不好的比。”孩子有优点，怕他飘，就打击；孩子有不足，她又跟人家好的比。比来比去，孩子竟然一无是处！

难怪凯凯那么纠结，原来是她无处不在的打压让孩子担心得不到肯定，才说一些口是心非的话掩盖自己的真实想法；难怪凯凯敏感又自卑，原来是她随时随地的否定让孩子感觉自己什么都不好，才率先说一些自我贬低的话，免得搞砸了被批评、被笑话。

这个节目录了好几期，凯凯始终融不进集体，不会跟同龄人相处，可妈妈听到凯凯说“他们都不跟我玩”时，不是教他如何社交，而是觉得不交朋友也没关系，让他先写作业，写完妈妈陪他玩。太用力地逼迫，常常会造成太多的遗憾。太紧绷的亲子关系，终究是一场灾难。

04

反观腾腾妈就高明多了，大家都夸腾腾多才多艺，小小年纪便这么自律，纷纷向她取经，她不好意思地说："可能我比较懒吧！所以他自己就需要多主动一些。"她说孩子"喜欢就好了，我的心态比较佛系吧"。她从不逼孩子坚持什么兴趣班，也没有刻意培养，而是由着孩子自己"喜欢就好"，因为她觉得家里没有这种基因，所以也不便对孩子硬插手。

可她的佛系又不是完全放任不管，她也给孩子报了很多兴趣班，最高纪录是同时有 8 个班在上。令人羡慕的是，腾腾始终保持着最初的兴趣，没有不喜欢的，所以也无须逼着他去坚持。

心理学家李雪说："正常发展的孩子，天然会对各种事情充满好奇心。"无论语文、数学，还是钢琴、舞蹈，其实都是孩子与生俱来想要探索的，孩子首次接触也一定是充满好奇的。保护孩子的好奇心，他才能以一种轻松愉快的心态坚持下去。可孩子一旦感觉到被逼迫、有压力，再有趣的事在他看来也会变得索然无味，乃至让他心生退缩。更可贵的是，腾腾妈虽然没有明确要求孩子考多少分、考几级，但对过程是有要求的，她也会很用心地陪伴、引导孩子，规划孩子的教育问题。由于轻结果，重过程，家长对孩子不提要求，孩子反而对自己很有要求，孩子的“自觉、自愿、自发”，便这么形成了。

听到这里，张敏有感而发道：“教育的最高段位不是不提要求，而是润物细无声，不要让孩子有被教育的感觉。”好妈妈不一定是逼着孩子成长的妈妈，而是明明对孩子有要求，却又显得没有要求；教育的最高境界，是让孩子觉察不到被教育了。

纪伯伦说：“你的孩子，其实不是你的孩子，他们是生命对于自身渴望而诞生的孩子。他们通过你来到这世界，却非因你而来，他们在你身边，却并不属于你。”你越用力，孩子越吃力。你越着急，孩子越焦虑。你只需用心助力孩子，让他成为最好的自己。懂得适当偷懒的妈妈，才是最好的妈妈！

【妈妈养育心法】

要想点燃男孩的内驱力，妈妈一定要给他自主感、信任感和价值感。

- 及时反馈：激发男孩的自主感。比如，让男孩用清单的方式把众多的作业分解成一个个任务，每完成一个任务就打一个钩，像游戏通关一样，这样男孩会有一种“过关斩将”的兴奋感。当男孩按时且高质量完成了所有作业，还可以奖励他自由安排剩下的时间，让他有愉悦的情绪，也能对下一次的作业更积极主动。

- 无条件信任：给男孩信任感。在男孩的所有特质中，自信是最重要的一项。而自信往往源于父母的他信。父母始终无条件地信任男孩，他的内心就会充满力量感，拥有更大的动力投身学习。男孩在自我认同的情况下积极性会更容易调动起来，从而可以努力去成就更好的自己。
- 暗示法：唤醒男孩的价值感。父母给男孩什么样的暗示，就会塑造什么样的孩子。所以，想要男孩自律，自我价值感强，父母一定要给他积极的暗示，多说这几句黄金句式："我知道你行的。""你有力量去面对。""一切都会好起来的。""只要你想，就能做到。""是金子总会发光。"

获得目标感是男孩成功的关键

我曾听过这样一段话："梦想这种动机是现实的籽苗，最伟大的成就。目标的坚定是所有努力的根源，它可以将努力的信念，深根在孩子身体的每个角落，促使他锲而不舍地不断前进。”的确，目标是一个男孩能够走向成功的关键因素。从小有目标的男孩，更容易走向成功。

01

天使投资人李笑来曾在《财富自由之路》中讲道：“这个世上大多数人都会跳进三个大坑：莫名其妙地凑热闹、心急火燎地随大流、为别人操碎了心。”而他们之所以会这样，最重要的原因就是，没有自己明确的目标。

我有个表哥就是如此，从小到大，他都是一个随波逐流的人。看到身边的同学都去报了补习班，他也跟着报，报了名却又不认真学。高中文理分科的时候，看到好朋友都选择了理科，他明明理科成绩很差，却也跟着选了理科，结果，他混完了整个高中，只考上了一所本地的大专。大专毕业后，他依然对自己的人生没有任何规划：看到别人摆地摊卖烧烤赚钱，他也去摆地摊卖烧烤；看到别人开大车赚钱，他也去开大车；看到别人开超市赚钱，他也去开超市……浑浑噩噩好几年后，他不仅一样生意也没做成，还欠了不少债。叔叔婶婶实在看不下去，托人帮他在当地的一家肉联厂找了份质检的工作，结果，他至今都是当一天和尚撞一天钟，得过且过。

透过表哥碌碌无为的人生，我真正理解了一句话：“须有人生的目标，否则，精力全属浪费。”心中没有目标的男孩，脚下也没有方向，就像是无头苍蝇一样乱飞乱撞，空耗自己的时间、精力和生命，最终一事无成。相反，那些有目标的男孩则会像瞄准靶心的利箭一样，一往无前，一击即中。

记得美国作家亨利·戴维·梭罗曾说过：“如果一个人充满自信地在他的梦想的方向上前进，并努力过着他所想象到的那种生活，那么他就会遇见在普通时刻里意料不到的成功。”成功的道路都是由目标铺成的，它是激励男孩不懈追求的动力，是撬动男孩梦想的支点，也是男孩开挂人生的开始。父母只有早早引导男孩确定自己的人生目标，男孩才能拥有一往无前的拼搏精神，锲而不舍地走向成功。

02

卡内基曾做过关于人生目标的调查，他发现：世界上只有 3% 的人能够有确切的目标，并知道怎样把目标落实，另外 97% 的人，要么根本没有目标，要么目标不明确，要么不知道怎样去实现目标。10 年后，他对这些人又做了一次调查，发现原来那 3% 有目标的人都在各自的领域里取得了相当大的成功，而那 97% 的人，除了年龄增长了 10 岁之外，在工作、生活、个人成就上，几乎没有太大的起色。所以，想要培养出一个出色的男孩，父母一定要让男孩学习如何确定目标和实现目标。

1. 帮助男孩树立一个清晰而强大的长期目标

心理学家库珀·史密斯曾经做过一项很著名的“梦想与结果”的心理学实验，实验人员分别设立了远近两个目标，让孩子们进行投篮，并提前设想自己的分数。结果出乎所有人的意料：那些最初选择了远处目标的孩子，最后的得分都很高；而那些选择了近处目标的孩子，却有大部分没达标。

这让我想起闺蜜家的两个儿子：大儿子从小就喜欢航天，立志要考上北京航空航天大学，为了这个梦想，小家伙一直坚持游泳、篮球、跑步等多项体育运动，学习上更是自律又努力，成绩一直保持在年级前 10；二儿子一直没有什么目标，并且一遇到失败或者阻力就想要放弃努力，因而，他的学习状态时好时坏，成绩也是忽高忽低。

作家查尔斯说：“有了长远目标，才不会因为暂时的挫折而沮丧。”强大而清晰的长远目标可以让孩子产生恒久的动力，更强的自律性，越挫越勇的逆商，帮助孩子奋力奔跑，创造出属于自己的精彩人生。没有目标的孩子，则很容易懈怠或者因为眼前的挫折和失败而丧失动力。所以，我们一定要帮助自己的孩子树立一个强大而清晰的长期目标，让孩子清楚地知道自己想要成为一个什么样的人，想要拥有什么样的人生。

2. 别让男孩的目标只局限于学习

仔细观察，我们会发现身边有很多这样的孩子：他们有的对学习没兴趣，每天只想着玩；有的只想考个好分数、好学校，除此之外，没有太多的兴趣爱好，求知欲也不强；还有一部分孩子，成绩中等偏上，但从小被逼着学习，承担着过重的学习压力，时不时感到压抑，甚至会有抑郁倾向，这些孩子在高考后，很容易掉入“空心病”的旋涡，成为一个“三无人员”：无兴趣、无目标、无驱动力。

心理学家威廉·戴蒙在《目标感》中写道：“孩子的目标不应该局限在方寸之内。”通过考试、考上名校，这些短期的目标，是为了达成更重要目标的手段，不是“终极关切”，算不上真正的目标，真正的目标包含三大要素：第一，对自己有意义；第二，对社会有价值；第三，意图可以概括。所以，别让孩子的目标只局限于学习，帮助孩子找到自己的兴趣和天赋，引导孩子找到自己学习和努力的意义，才是孩子走向成功的关键。

一个 12 岁的福州男孩在网上分享了自己玩虫子的视频，收获了 70 万粉丝。他不喜欢玩游戏，也不关心自己短视频的数据和评论，一心只想着了解更多的昆虫，向大家传播更多的自然科学知识，希望自己能够发现一个新的昆虫品类，并以自己的名字命名。为了这个目标，他不仅一有时间就缠着父母带他去野外寻找昆虫，还主动去学习更多的自然科学知识，并且把这种探究的精神迁移到了自己其他科目的学习中。

心理学原理指出，促使我们重复进行某项活动的动力源于两个因素：熟悉感和陌生感。兴趣是孩子动力的源泉，也是孩子产生目标感的前提。我们只有帮助男孩发现自己，认识自己，才能让孩子搞清楚自己人生的目标，找到努力的长久意义。

03

孩子毕竟只是孩子，难免会有意志力薄弱、自制力差的时候，我们想要帮助我们的男孩实现梦想，就一定要让他学会坚持。

某舞蹈演员曾在节目中，特别感谢了父母在他童年时鼓励他练舞：七八岁的时候，妈妈每天早上都会把他按在床头柜上给他压腿，每当他因为疼痛大哭的时候，爸爸都会在一旁鼓励他。最初，他的身材比例没有达到舞蹈演员的标准，父母没有气馁，更没有放弃，而是让他戴着定制的铁环每天倒吊在家中房梁上。坚持了两年后，他的下半身比上半身长了 12 厘米，终于达到了舞蹈演员的标准。事实证明：没有父母的狠心和坚持，就没有孩子光彩夺目的圆梦之旅；每一个圆梦的孩子背后，都站着优秀而凌厉的父母。

记得北京师范大学认知神经科学与学习国家重点实验

室教授边玉芳也曾说过："当家长表现出对子女所学内容的兴趣，并给予陪伴，孩子面对学习困难会更具坚持性。"孩子不是天生就会坚持，所有孩子的坚持，都源自于父母的坚持。父母不偷懒，男孩才不会任性；父母不放弃，男孩也不会半途而废。有位教育专家曾说："小孩子都会任性，但大人不可以放弃督促的责任。"父母付出了多少，都能在孩子的成长道路上留下痕迹；父母越努力，孩子越优秀。

《塔木德》中有句话特别扎心："一位百发百中的神箭手，如果他漫无目的地乱射，也不能射中一只野兔。"同样，没有目标的男孩，忙忙碌碌一生也无法取得耀眼的成绩。只有从小培养男孩的目标感，教男孩学会坚持，他才有机会走上人生的巅峰。这是父母最大的成功，也是父母送给男孩最好的人生礼物。

【妈妈养育心法】

很多男孩在小的时候，不知道如何拥有目标，更不明白如何为自己设定目标。此时，就需要我们这些做妈妈的，及时帮助男孩，让他们拥有目标，引导他们为了目标而奋斗。

- 帮助男孩开阔眼界，找到目标。很多男孩在小的时候，不知道自己要什么，不知道自己喜欢什么，只有我们多带男孩出去，让他们体验不同的生活，并让他们开阔眼界，他们才知道未来要怎么走，自己的人生目标是什么。

- 给男孩选择的权利。很多时候，孩子的目标和大人的期望不同，就会遭到大人的反对。但其实，此时我们只需要告诉男孩利弊，给他们选择的权利，并尊重他们最终的选择。因为未来的人生是男孩自己的，只有他们喜欢，他们才会拼尽全力去做到最好。
- 引导男孩要坚持目标。目标决定了一个男孩的未来，而没有目标的人，将注定一生碌碌无为。因为他们不知道自己做一件事的目的是什么，他们未来想要什么样的人生，总是徘徊在选择和放弃之间，最终浪费了大把的好时光。作为父母的我们，一定要帮助男孩尽快找到目标，并且引导他们为实现自己的目标而努力。

妈妈会放手，男孩更优秀

“双减”政策落实后，孩子作业少了，补课班不上了…… 一系列的措施让人产生一种错觉：在这些变化之下，父母好像也能轻松一些。但其实恰恰相反，“双减”之后，父母身上的责任更重了。好的教育，永远需要父母的奋力托举。我很认同一个说法：“双减”，一减不优秀的孩子，二减不重视教育的父母。想要男孩在“双减”后脱颖而出，父母就要做到“三不惯、两不管”。

01

什么是“三不惯”？

1. 男孩沉迷手机，不惯

“双减”政策出台后，“史上最严”的防止未成年人网络游戏沉迷规定也来了，其最核心的一点是：未成年人一周最多只能玩 3 小时游戏，并且还需要进行身份认证。但这真的能阻止男孩玩游戏吗？腾讯做了一项关于“双减之后，孩子们放学都干啥”的调查，接近 2 万人参与，其中“在家闲着玩手机”的人数比例高达 32.4%。

“双减”之后，如果时间没有得到合理安排，很多男孩对手机的依赖反而变得更加严重了。原本朝气蓬勃的孩子，一旦被手机所“蛊惑”，最先毁掉的就是身体健康，比如，现在视力下降、颈椎病、肥胖、免疫功能失调等问题在学生群体中屡见不鲜。没有健康的身体作为加持，孩子在学习的道路上注定要受到限制，特别是在中考体育分值逐年增加的大环境下，一个天天抱着手机、缺乏运动的男孩，将来可能连高中都考不上!

我们常说：毁掉一个孩子，就给他一部手机。而毁掉孩子成绩最快速的办法，就是放任他在手机的世界中沉沦。国外曾经发起一项调研，通过对比 100 个孩子对手机依赖的程度，发现：10 年后沉迷手机的孩子只有 2 个人考上了大学，而另外 50 个不依赖手机的孩子则全部考上大学，还有很多人获得了奖学金。“学霸”和“学渣”之间，往往就是隔着这么一部小小的手机。

心理学博士亚当·奥尔特曾说：“游戏、八卦、直播等娱乐产品就像毒品，一不留神就能让人上瘾，难以戒除。”成年人面对手机的诱惑都尚且难以自控，更不用说自制力差的孩子了，因此，家长要限制男孩使用手机的时间。

2. 男孩拖拉磨蹭，不惯

“双减”政策对作业量也有了明确要求，其中规定：学校要确保小学一、二年级不布置家庭书面作业，可在校内适当安排巩固练习；小学三至六年级书面作业平均完成时间不超过 60 分钟；初中书面作业平均完成时间不超过 90 分钟。很多孩子觉得反正时间多、作业少，可以慢慢写，结果玩着玩着、拖着拖着，到很晚才开始写作业。

面对孩子的磨蹭，大多数父母采用了“催”这个简单直接的办法，但催促也许短时间内有效，却容易让孩子形成对催促的依赖，就像心理学家 Erica Reischer 说的：“如果你的孩子没有机会去学习怎么对自己负责，也没有机会练习一些诸如时间管理、自我约束这样的重要生活技能，那么长久下去就会失去对自我的掌控能力，不仅影响学习，对未来的工作和生活都会产生负面影响。”而且过度催促，也会催生孩子的逆反心理，甚至影响亲子关系。

孩子是催不快的，他们拖拉磨蹭，大多数的病根其实都是缺乏时间规划能力。真正决定孩子成绩的，不是智商，而是孩子对时间的管理能力。还记得清华大学“学霸”那张学习计划表吗？从早上6点40分起床到凌晨1点睡觉，中间的时间被安排得井井有条，没有浪费一点时间。同样24小时，“学霸”可以高效利用时间去学习更多的知识，而时间观念差的孩子只能不停处于“赶工”状态。

是否擅长时间管理，与孩子的成绩好坏息息相关，正如美国儿童教育专家说的：“时间管理能力影响孩子的学习效率，学习效率决定学习成绩。”拖拉磨蹭，看似是小毛病，实际上不仅与孩子的学业密切相关，甚至还会影响到他未来的工作与社交。因此，在“双减”后，父母对孩子拖拉磨蹭的毛病不仅不能纵容，反而可以趁着作业量减少，有意识地培养他对时间的管理能力。

3. 男孩习惯不好，不惯

“双减”对于减轻孩子的学习压力也有了明确规定，比如，不能随意增减课时，降低考试压力，不能唯分数论……孩子松绑了，压力减轻了，可以不像之前那样精神紧绷地学习了，但很多坏习惯也浮现出来了：好吃懒做，不爱运动，晚上不睡、早上不起……这些坏习惯看似不是什么大毛病，但积累得越多，好习惯的养成就越困难，也就越容易拖垮孩子。学习成绩差的孩子，不是输在智商上，而是输在学习习惯上。

在英国纪录片《交换学校》中，来自公立学校和私立学校的孩子进行了为期一周的交换活动。这一周的交换生活，让我们看到这些孩子之所以在未来会有不同的发展，除了出身背景的差别，最大的不同就是学习习惯。在公立学校的孩子每天下午 3 点放学后，回到家无所事事，靠睡觉和打游戏打发时间；而来自私立学校的学生，每天 6 点 30 分起床，下午 5 点放学之后，会参加各种兴趣班的活动，或是在图书馆学习。

截然不同的学习习惯，也注定了这些孩子未来的走向会全然相反。就像其中一个来自公立学校的孩子说的，他的命运大概率是"一事无成"。一个没有好习惯的孩子，会败给自己内心的欲望，最终碌碌无为地度过一生；而习惯好的孩子可以把自己的时间安排得井井有条，不浪费一点时间，内驱力也更足。哪有什么天生的"学霸"，不过是好习惯的厚积薄发。

教育家叶圣陶先生说过："教育的本质就是培养习惯。"3 到 12 岁，是习惯养成的关键期，这个时候不重视，未来再去纠正为时已晚。"双减"后，父母更要引导孩子合理利用好课余时间，让孩子养成良好的学习和生活习惯。

02

什么是“两不管”？

1. 男孩能力范围内的事，不管

“双减”落地，学科类培训机构关停，原本孩子在学校有老师管着，下课在培训班有辅导老师带着学习，回到家还有父母的监督，现在课外补习没了，也意味着孩子自主的时间更多了，比起过去的“包教包会”一站式安排学习，如果男孩的独立性不强，不会合理规划自己的课余时间，那么孩子之间的差距将会越来越大。因此，那些有远见的父母，早早就开始放手培养男孩的独立性了。

美国作家埃尔伯特·哈伯德曾说：“当父母为孩子做太多时，孩子就不会为自己做太多。”父母看不得男孩受任何苦，只要男孩遇到一点点困难，就马上冲上前去帮他解决得明明白白，看似是爱他，其实是剥夺了男孩解决问题的能力和动力。拥抱太紧的爱，很多时候是一种隐秘的伤害。每个孩子都有自我成长的权利，他的人生应该自己走，父母不能代替。

父母越早放手培养男孩的独立性，他的未来才会走得越稳。

2. 男孩能承受的困难，不管

“双减”政策增加了课外延时服务的规定，这就意味着，如果男孩参加课外延时服务，他在学校待的时间将超过 10 小时。孩子自己在学校里面，也许会碰上之前没有遇到过的学习或生活上的困难。这个时候看的就是孩子之间面对困难时解决问题的能力差别。

美国心理学家的一项研究表明，孩子能否成功解决自身遇到的困难，更多地取决于他的经历而非聪明程度。很多父母觉得，男孩年龄小，没有解决问题的能力，于是开始大包大揽，替男孩做决定，帮助他排除一切障碍，然而这种做法是在剥夺男孩的锻炼机会，久而久之，男孩面对困难的勇气和解决问题的能力也会随之退化。

男孩在成长的道路上难免磕磕碰碰，但成长恰恰发生在解决困难的过程中，就像一位名人在谈到自己的育儿经时说的："并非所有的压力都可以躲避，困难和挑战是我们必须要去面对的，如果躲着不解决，问题永远还在那里。"让男孩直面困难，就像是在他的身体里埋下一颗种子，当未来他遇到困难时，先想到的不是回头看看爸爸妈妈，而是自己去想办法解决。

网上一份《不要喊妈平等条约》火了，妈妈提出的 9 条规定，其实目的都是一个："遇到问题，请第一时间尝试自己解决。"在条约正式实施后，孩子果然喊妈的次数少了很多，习惯了自己起床洗漱，自己盛饭，下楼玩的时候会记得背着水壶和防蚊液。

爱男孩不是要做一对"铲雪车"父母，为他铲平一切障碍，而是要放手让他独自去体验。其实男孩远比我们想象的要强大很多，给予信任，学会放手，他的步伐才会更加坚定、沉稳。

03

唐江澎校长曾说："好的教育，应该是培养终身运动者，优雅生活者，责任承担者和问题解决者。"独立健全的人格、勇于承担责任的勇气、善于解决困难的能力，这些终将成为男孩的底层能力，帮助他在未来的人生路上披荆斩棘。"双减"对于家长和孩子来说同样也是新的机遇，希望每对父母"放手而不撒手"的管教，能让自己的男孩在"双减"之后保持领先。

【妈妈养育心法】

很少有男孩天生就自律，想要养出一个高度自觉的男孩，父母要做到以下几点。

- 为男孩树立好的榜样。父母是孩子的第一任老师，其行为习惯会直接影响孩子。因此，我们自身应当展现出高度的自律，回家后少玩手机，通过自己的行为为男孩树立榜样。
- 向男孩明确规则和期望。我们应该向男孩清晰传达需要遵守的规则及其背后的理由。这样，男孩就会知道什么是可以做的，什么是不可以做的。
- 为男孩提供支持和指导。当男孩遇到问题时，父母应该提供必要的支持和指导，帮助他分析问题，找到解决问题的方法，而不是直接包办，替他完成。

利用这 4 个心理学效应，根治男孩的拖延症

如果做个排行榜，投票选出能把家长逼疯的教育问题，我想“磨蹭拖延”一定能进入前三。我儿子今年上三年级，日常的磨蹭拖延简直让人崩溃：每天起床，三催四请，明明眼睛都睁开了，就是嫌困，总想再睡一会，不吼上几嗓子，根本起不来；带他外出，我都要忍住怒火，看着他以 0.5 倍速收拾东西、穿衣服、穿鞋子，好不容易一切就绪，他一看到摆在玄关的奥特曼，就忍不住又拿了起来……

如果说平时还能保持母慈子孝，一到写作业真的是各种鸡飞狗跳。回想过去的日子，我多少次因为他太磨蹭冲他大吼大叫，真是心力交瘁。更郁闷的是，我催多了，他反倒变成了“厚脸皮，根本不为所动。

为了解决他拖拉磨蹭的问题，我不得不开始听专家课，看育儿书，没想到，还真被我发现了解决方案。这半年的时间里，我反复推敲，认真学习，并将所学付诸实践，最后也看到了儿

子的改变。这个解决方案就是学会利用以下这 4 个心理学效应。

01

很多父母发现：男孩动作慢、拖拉，光靠催改变不了什么，甚至越催男孩就越慢。

一次，儿子学校布置了一项制作灯笼的手工作业，要求家长陪同。当所有材料都整齐地摆放在桌上后，他突然想找一张一次性桌布垫着，可是找了半天也没有找到。接着，他又说需要准备好抹布。在这来来去去的十几分钟里，我正忙着洗菜做饭，心情焦急，于是催促他快点开始。但他刚一坐下，就又跑去厨房洗水果吃，理由是肚子饿了，不吃点东西就无法专心工作。眼看着宝贵的时间在一点点流逝，我心中的焦急瞬间化为怒火，忍不住对他大声训斥。结果，原本只需半小时就能完成的作业，他硬是拖到晚上 11 点才勉强完成。不仅耗时过长，完成的质量也不尽如人意，更糟糕的是，我们的母子关系也因此陷入了僵局。

坦白说，我一度怀疑儿子的理解能力有问题：为什么我都那样催了，他还能不为所动？后来我看到了关系心理学家胡慎之的一段话："妈妈越催促，孩子动作越慢，系鞋带、吃饭、写字，都越来越慢。这其实是孩子对妈妈的攻击，或者说，是孩子针对妈妈对待自己的方式做出的反击。孩子用这种不好不坏的状态证明父母的失败，有点损人不利己。可是人的无意识中有这种需要，这是攻击的需要，也是对愤怒的表达。”我恍然大悟，这就跟心理学上的超限效应一个道理：我们的男孩，如果受到外界的刺激过多、过强，或作用时间过久，很容易产生极不耐烦或逆反的心理，甚至会陷入一个死循环：催—不动—再催—慢慢动—三催四请—更不愿意动了。

想想也是，换做是我，如果别人老是不停地催，也会觉得很讨厌，甚至故意放慢速度，让别人着急。所以，想改变孩子的磨蹭，父母管住自己的嘴很重要，比如，当我决定控制住自己，不去催他，一开始儿子依旧磨蹭，但过了半小时，他看了看时钟，意识到作业还没做，竟罕见地拿出练习册，乖乖坐在书桌前写，原来，有些时候无声真的胜有声。

父母放下催促唠叨，让孩子自己做主，既能让他对自己负责，还能收获成长的惊喜，何乐而不为？

02

前几天在群里，我看到一位妈妈发来的求助语音：“我真的是要疯了，这都 10 点多了，他作业还没写完，其他小朋友都已经睡觉了，就他磨磨蹭蹭。”我听后百感交集，现在的孩子，作业太多了，语文、数学、英语、体育……啥都要打卡，啥都要过一遍，就像儿子每天一回到家，作业清单一打开，各科各类细碎的安排，别说他看了头晕，就连我也一时不知从何入手。有时候，不是男孩喜欢磨蹭，而是目标太多太杂了，他不知道从哪里开始。

心理学家罗西和亨利做过一项实验，证明了这种现象。参与实验的学生被分为 3 组，分别前往 10 千米外的村庄。第一组学生由于不知道村庄在哪里，跟着向导走了两三千米就开始叫苦，走一半时抱怨的学生增多了不少，负面情绪迅速蔓延，到最后，整个队伍情绪低落，溃不成军；第二组学生事先知道目的地在 10 千米外，只是途中没有任何路牌，他们只能跟着向导走，根本不知道走到了哪里，还有多久，因此也有人开始抱怨，行走的速度越来越慢；第三组学生情况截然不同，他们不仅知道目的地在哪里，还能看到路牌，所以心中有数，走得也很顺利，最终全员完成任务。

这就是心理学上有名的定位速效实验（也叫“定位速效法”）。其实，孩子的磨蹭拖拉，和目标不明确、过程漫长有很大的关系。

于是我跟儿子商量后，对他回家后的学习安排做了调整：每天先了解他要完成哪些作业，帮他将作业分解成一个个的小目标，然后估算每个目标大概需要的时间，让他做到心里有数。比如前半小时做语文，完成后休息放松 10 分钟，吃点东西或聊下天，再花半小时练习英语，继续放松 10 分钟，以此类推。当每一个短期目标完成时，我都会及时给他反馈。这么做，不仅消除了一次性完成所有作业的紧张感和压力感，还预留了时间让儿子放松一下，调整状态重新投入学习。几个月下来，儿子每次做作业前都会自己做好规划，效率也慢慢提高了。当男孩一次又一次拿下小目标时，也是他收获成就感、重拾信心的高光时刻。

03

某综艺节目中，有一个 12 岁男孩，在考试中只得了 27 分。玩游戏时，他精神饱满，充满活力；面对作业时，却是哈欠连天，不知所措。坐在书桌前，他要么发呆，要么玩弄着手中的笔，最终导致作业经常无法按时完成。当他在妈妈的追问下，双手无措，背不出“六乘六等于多少”时，人们不禁为他担忧。按道理，像他这么大的孩子，不至于故意拖着不写作业，挨妈妈一顿打骂，但从他的紧张和焦虑可以看出，迟迟完不成作业的关键在于，学习对他而言很难。

很多时候，明明是迫在眉睫要完成的事情，孩子就是催不动，作为家长，我们不要一味判定孩子就是喜欢磨蹭，其实这极有可能跟要做的事情难度大有关。

蔡格尼克效应（也叫“蔡戈尼格效应”）也指出了这一点：人们对尚未处理完的任务，会比对已处理完的任务印象深刻很多，也就是说，那些因为难度高暂时无法完成的事情，会成为男孩心里不可忽视的疙瘩。表面上看，他东弄弄西搞搞，不在意是否能及时完成；事实上，当他选择拖延时，身心并不轻松，反倒会因“心有牵挂”而烦躁、备受煎熬。想要快速做完事情，提高效率，重点在于减轻男孩的心理负担，让他拥有一个轻松舒适的状态。

明白这点之后，我一直在思考，怎么能让儿子保持良好的学习状态呢？我的做法是，让他先从简单容易的事情做起，比如，他英语单词背得比较快，就让他先完成这项作业；一般完成简单的作业后，他就会明显获得成就感，逐渐放松下来，不像刚开始那样面露难色了。等他心情放松了，最后再做数学或其他难度较大的学科的作业，就相对更专注、更高效了。

这样的方法持续了大概两个月，我惊喜地发现：儿子比以前更自觉高效了，就算当天作业比较多，他也不担心。看他每天顺利完成一个个挑战，浑身散发出的满足感，我便知道，每一个男孩都是潜力无限的。只要用对方法，激发他进步的渴望，再难的事，他都愿意花时间和精力做下去，男孩时常磨蹭的问题，也就迎刃而解了。

04

教育专家尹建莉在书中讲过这样一个例子。一位事业有成的妈妈，不知道怎么引导孩子好好写作业。她尽心尽力，天天陪伴儿子写作业，可儿子却对此深恶痛绝，而且作业常常写不完，成绩一直是班里倒数。直到一次偶然的机会，尹建莉听到这位妈妈催孩子写作业的话，她瞬间明白了："你已经欠数学老师三次作业了，还欠着英语老师两次作业，今天再不写，欠得更多了！”尽管提醒孩子快点完成作业并无不妥，但这位妈妈的语气和方式却传递出一个信息：作业是老师的，与孩子无关；反正有妈妈催促，不用担心。这样的态度会导致男孩责任感的缺失。

我也曾陷入过类似的误区。比如，儿子上学快迟到了，我直接帮他整理好书包，然后批评他，他却显得理所当然。学习了自然惩罚法则后，我决定放手让儿子承担后果。有一次，到了睡觉时间，儿子仍专注在乐高上，英语作业一个字都没动，我也不催他，简单提醒他“该睡觉了”就转身回屋。结果第二天，他因为没有写作业被老师狠狠批评了一顿，回家第一件事就是写作业，不敢再玩了。

前一天晚上，我提前告诉他，如果早上 7 点还没准备好，我就没办法送他上学，到时候他只能让奶奶带他去坐公交车，这样就很容易迟到。刚开始，他不为所动，依旧磨磨蹭蹭，我也没再催，到点简单跟奶奶交代几句后，我自己开车走了。那天，儿子果然迟到了，被老师批评后，第二天他的动作明显变快了，竟然开始催着我出门上学。

有句谚语说：“智慧来自经验，而经验来自失策。”自然惩罚法则，就是让孩子亲身体验磨蹭的后果，为此付出代价，吸取教训，从而不断认识到自己的责任，调整自己的节奏，掌握正确的做法，变得更自觉、更高效。

05

看着儿子近一年的成长，我越发觉得，男孩并不是天生的慢性子，他也不是故意要拖延时间、拖沓磨蹭，只是有时候，他跟不上大人的步伐而已。有一句话说得好：“教育孩子，就像牵着一只蜗牛在散步。”所以，别急，给他多一点点时间，多一点点关爱，要相信，他已经在用最大的速度前行，父母能做的，就是用坚定不移的爱接纳他，在前面耐心引导他，让他找到自己的节奏，假以时日，我们的男孩一定会绽放出属于自己的光芒。

【妈妈养育心法】

当我们放慢脚步，纠正自己的错误，了解男孩行为背后的需求，我们自然会找到更多帮助孩子战胜磨蹭的方法。

- 超限效应：你的催促，加剧了男孩的逆反心理。
- 定位速效实验：目标精细化，提高男孩的效率。
- 蔡格尼克效应：降低任务的难度，减轻男孩的心理负担。
- 自然惩罚法则：化主动为被动，让男孩自己承担后果。